高校英语教师

教学竞赛案例分析与研究

迟雯雯　邢雪晶　刘海英　孔　宁◎著

吉林大学出版社

·长春·

图书在版编目（CIP）数据

高校英语教师教学竞赛案例分析与研究 / 迟雯雯等著. -- 长春：吉林大学出版社，2024. 10. -- ISBN 978 - 7 - 5768 - 3885 - 5

Ⅰ. H319. 3

中国国家版本馆 CIP 数据核字第 20248HK614 号

书　　名　高校英语教师教学竞赛案例分析与研究
　　　　　GAOXIAO YINGYU JIAOSHI JIAOXUE JINGSAI ANLI FENXI YU YANJIU
作　　者　迟雯雯　邢雪晶　刘海英　孔　宁
策划编辑　李潇潇
责任编辑　杨　宁
责任校对　李潇潇
装帧设计　中联华文
出版发行　吉林大学出版社
社　　址　长春市人民大街 4059 号
邮政编码　130021
发行电话　0431-89580036/58
网　　址　http：//www. jlup. com. cn
电子邮箱　jldxcbs@ sina. com
印　　刷　三河市华东印刷有限公司
开　　本　787mm×1092mm　1/16
印　　张　11. 5
字　　数　200 千字
版　　次　2025 年 3 月第 1 版
印　　次　2025 年 3 月第 1 次
书　　号　ISBN 978 - 7 - 5768 - 3885 - 5
定　　价　78. 00 元

前　言

教学比赛是提高高校教师教学理论素养、教学基本功的重要促进机制，有助于提升教师的“专创融合”教学能力，为学科和专业建设做好支撑，切实发挥竞赛的重要作用，从而更有效地培养拔尖创新人才。为了激发教师的教学热情，促进教学理念和方法的创新，高校教育部门以及各大机构举办了一系列教学比赛，为广大教师提供了展示才华、交流心得、共同进步的平台。研究教学比赛有助于提高教师参加比赛的积极性、提高教学比赛质量。

高校英语教师在教学领域中扮演着举足轻重的角色，其教学水平的提高直接关系到学生成绩和英语学科的整体发展。教学质量的提高离不开教师自身素质的提高。本书旨在通过对高校英语教师教学竞赛案例的深入分析与研究，探讨教学比赛在促进教师专业成长、提高教学质量、推动英语教育创新方面的作用，为广大英语教育从业者提供可借鉴的经验和启示。

本书的作者均为高等学校英语教育的一线教师，教学经验丰富，在工作中积累了大量的教学案例，同时，他们也有参加各种比赛的经历，对教师竞赛了解较深。他们善于总结反思，积极申报各级各类教学项目，发表了多篇论文，参编专著和教材多部，科学研究能力较强。

本书聚焦高校英语教师教学比赛的案例分析和研究，涵盖了教学比赛的概述、发展历程、内容选取案例分析和通过教师个案分析和调查问卷、分析竞赛反哺效应研究等内容。本书旨在全面解析高校英语教师教学比赛的多重维度，为广大英语教育工作者提供实用的理论和实践指导。本书有以下四大特色。

首先，本书内容全面而系统，涵盖了从教学比赛的基本概念和发展历程到案例分析等具体方面，着力帮助广大英语教师深入了解教学比赛的具体个例，获取对自身教学实践有益的启示。

其次，本书提供了详细教学案例，包括理论基础、设计与实施步骤等。旨在帮助广大英语教师更好地了解具体教学比赛的设计理念、教学流程和资料等，从而提高教学效果。

再次，本书对教师成长十分关注。在竞赛反哨效应的个案叙事研究中，突出了教师个体在比赛中获得的成长，为教师提供了在职业生涯中通过教学比赛获得提升的实际例子，增强了本书的可操作性和说服力。

最后，本书还注重教育创新的推动。通过讨论教学比赛对教学创新的推动作用，本书呼吁教育者在实践中不断追求创新，这对于推动中国高等英语教育的发展具有积极的意义。

总体而言，本书深入研究了高校英语教师教学比赛，为英语教育领域的从业者提供了有益的参考和指导。

本书旨在为高校英语教师提供一份全面、系统的教学比赛案例分析与研究指南，帮助他们更好地讲解一个语言点、打造高效课堂、建设一门金课，从而提高教学水平，推动英语教育的不断创新。希望本书能成为高校英语教师和教育管理者的实用手册，为推动中国高等英语教育的繁荣做出贡献。

在编写本书的过程中，我们广泛查阅了国内外有关教学竞赛的文献资料和网络资源，仔细研究了国内重大赛事官网的优秀案例，对优秀案例和方法进行了深入分析，并通过实证调查研究了教学竞赛对教师的反哺作用。在此，我们要向有关作者和教师表达最诚挚的感谢。特别感谢李庆新教授为本书提供的指导和建议。

教学竞赛涉及教师、教材、团队、管理等多个方面，因素众多。鉴于著者水平有限，尽管已竭尽全力，但很难面面俱到，难免存在疏漏之处。因此，我们诚挚邀请广大读者和专家在阅读过程中提出宝贵的意见和建议，我们将认真倾听并进一步改进。我们也将继续深入研究，为教师的发展和教师队伍建设提供更全面的案例支持。

作者团队

2024年1月于青岛

目　录

CONTENTS

第一章

高校英语类教师教学比赛综述

第一节 概 述

中国教师教学比赛通常是引导教师加深教学感悟，提升教学能力，鼓励教育创新和提高教学质量的竞赛活动。这些比赛旨在推动教育领域的发展，鼓励教师不断提升他们的教育技巧和知识水平。

这些比赛通常由教育部门、教育协会、学术研究机构或非营利组织发起，并在不同层次的教育系统中进行，从基础教育到高等教育。比赛的目的是鼓励教师参与终身学习，不断提高教学质量，并争取在教育领域取得卓越成就。

2018 年 1 月《中共中央 国务院关于全面深化新时代教师队伍建设改革的意见》中明确提出“全面提高高等学校教师质量，建设一支高素质创新型的教师队伍”。这一目标旨在提高中国高等教育的整体水平，促进教育改革和发展，推动国家的科技进步和创新，加强师资队伍的建设，以满足新时代的教育需求。同时，教师教学竞赛是促进教育培训、创新教育方法、教师评估和激励机制、师德建设、教师团队合作等的重要促成机制，有助于提高教师质量，建设高素质创新型教师队伍，真正做到“以赛促学，以赛促教”，提升教师的综合素质和能力（张五英，2021）。

一、中国高等教育学会

中国高等教育学会（China Association of Higher Education）（https：//www.cahe.edu.cn）成立于1983年5月，是我国高等教育领域历史最悠久、规模最庞大、凝聚力最紧密以及影响力最广泛的全国性学术社团组织。是中国境内高等教育研究和发展的学术性组织，中国高等教育学会致力于推动高等教育领域的学术研究，包括理论研究、学术交流、专业培训、展览展示、国际合作、咨询服务、书刊编辑和行业监测等方面。

该学会组织和支持国内外学者、专家、教育工作者之间的学术交流活动，如研讨会、会议和学术出版物的编辑，通常会就高等教育政策提供建议，协助政府部门和教育机构改进高等教育体系。

中国高等教育学会在中国高等教育领域具有重要地位，是该领域学术研究和交流的重要平台。作为一个学术性组织，该学会与中国政府、高等教育机构、学者和研究机构保持着密切联系，组织各类学术交流活动，促进国内外学者之间的合作与交流，有助于分享最佳实践和新理念，在高等教育政策和改革方面发挥重要作用。该学会通过研究专业知识，参与高等教育政策的制定与建议，推动了中国高等教育的改革和发展。

中国高等教育学会持续为国家高等教育事业的进步不断提供思想引领、战略验证、政策制定、实际指导和理论传播等方面的支持（马陆亭，2023），地位重要，作用深远，影响力显著，有助于促进中国高等教育体系的不断发展和改进。该学会公布的教师发展指数也是行业内最权威，认可度最高的，因此本节研究的主要对象为该学会公布的全国教师教学竞赛发展指数所涉及的有关高校英语教师的教学竞赛。

二、全国高校教师教学竞赛发展数据

为促进教育教学发展，中国高等教育学会高校竞赛评估与管理体系研究专家工作组在高校学生竞赛与教师发展数据平台（https：//rank.moocollege.com）定期公布全国高校教师教学竞赛发展现状分析，主要从“6+1”维度分析全国

本科院校教师教学发展指数，包括教师团队、教改项目、教材项目、教学论文、教学成效、教学组织、教学竞赛，其中教学竞赛是特别维度。

全国高校教师教学竞赛经过多年的发展，规模越来越大，赛事越来越多。根据2022全国普通高校教师教学发展指数显示，2012年至2022年，共有32 880余条数据，其中本科获奖率为88.70%，高职获奖率为64.60%（颜晖，2023）。

2001年，全国多媒体课件大赛等赛事开始起步，2004年举办结构力学与弹性力学青年教师讲课竞赛，2009年举办水利类专业青年教师讲课竞赛，其余项目均在2010年后启动（陆国栋等，2019）。2023年4月公布的教师教学竞赛项目共56项，较2021年、2022年新增项目6个，其中本科院校项目53个，高职类项目3个（颜晖，2023）。其中，医药类、理工类竞赛占比最大，其余为综合类、机械类、自动化类、土建类、外语类，学科专业分布不均衡。教师教学以面向青年教师为主，基础课程教学占比较大，对互联网应用、课程思政的融入均有要求。2023年10月13日，中国高等教育学会正式公布了2023版全国普通高校教师教学发展指数，其中特别关注了“教师教学竞赛”这一维度，总共包含了53项高校教师教学竞赛（详见表1-1）。

表1-1 2023年纳入指数的教学竞赛项目

序号	竞赛名称	序号	竞赛名称
1	全国高校青年教师教学竞赛	29	全国职业院校教师微课大赛
2	全国高校辅导员素质能力提升骨干训练营	30	全国高校混合式教学设计创新大赛
3	水利类专业青年教师讲课竞赛	31	西浦全国大学教学创新大赛
4	“外教社杯”全国高校外语教学大赛	32	全国高校思想政治理论课教学展示活动
5	全国高校微课教学比赛	33	全国普通高等学校美术教育专业教师基本功展示
6	全国高等学校教师自制实验教学仪器设备创新大赛	34	全国普通高等学校音乐教育专业教师基本功展示

续表

序号	竞赛名称	序号	竞赛名称
7	全国高等学校教师图学与机械课程示范教学与创新教学法观摩竞赛	35	信息化教学说课大赛
8	全国高校 GIS 青年教师讲课竞赛	36	全国数字创意教学技能大赛
9	全国土木工程材料教师讲课比赛	37	全国高等学校（职业院校）外语课程思政优秀教学案例征集与交流活动
10	全国高等学校物理基础课程青年教师讲课比赛	38	未来设计师·全国艺术设计教师教学创新大赛
11	全国高等学校（职业院校）外语微课优秀作品征集与交流活动	39	全国高校教师教学创新大赛
12	全国高等学校青年教师电子技术基础、电子线路课程授课竞赛	40	全国高校自动化类专业青年教师讲课（说课）大赛
13	全国高校自动化专业青年教师实验设备设计“创客大赛”	41	东方创意之星教师教学创新大赛
14	高等学校物理基础课程（实验课）青年教师讲课比赛	42	“大唐杯”全国双师型教师新一代信息通信技术大赛
15	全国高等学校电子信息类专业青年教师授课竞赛	43	全国商科教育实践教学大赛
16	全国高等学校测绘学科教学创新与育才能力大赛	44	“余姚杯”中国高校机器人实验教学创新大赛
17	外研社“教学之星”大赛	45	“新道杯”全国职业院校骨干教师说课大赛
18	全国基础医学青年教师讲课大赛	46	全国创新创业创造教育“精彩一课”竞赛
19	全国电工电子基础课程实验教学案例设计竞赛	47	全国高等学校民航专业教师教学创新大赛
20	全国高等学校青年教师电路、信号与系统、电磁场课程教学竞赛	48	全国高校教师教学元宇宙数字化技术创新大赛

续表

序号	竞赛名称	序号	竞赛名称
21	全国高等学校青年教师电工学课程教学竞赛	49	全国高等学校教师工程创客教学能力大赛
22	全国高校城市地下空间工程专业青年教师讲课大赛	50	全国高校数智化商业决策创新大赛（教师组）
23	全国高等院校英语教师教学基本功大赛	51	全国高校电子信息类专业课程实验教学案例设计竞赛
24	全国高校经管类实验教学案例大赛	52	“匠心筑梦 领航未来”全国高校教师技能创新大赛
25	全国医学影像专业青年教师教学基本功竞赛	53	一带一路暨金砖国家技能发展与技术创新大赛（教师赛）
26	全国大学青年教师地质课程教学比赛		
27	全国职业院校技能大赛教学能力比赛		
28	全国涉农职业院校教学能力大赛		

第二节 综合类教师教学比赛

综合类教学比赛又称多学科专业教学比赛，该类比赛多种学科同台竞技，有的分为不同组别多个赛道同时进行，有的则不分学科同台竞技。包含高校英语类教师教学比赛的综合类教学比赛有全国高校青年教师教学竞赛、全国高校微课教学比赛、西浦全国大学教学创新大赛、信息化教学说课大赛、全国高校教师教学创新大赛、“匠心筑梦 领航未来”全国高校教师技能创新大赛。其中全国高校微课教学比赛、信息化教学说课大赛、西浦全国大学教学创新大赛、“匠心筑梦 领航未来”全国高校教师技能创新大赛为行业类举办，又是综合类比赛，英语教师突围比较困难。因此，本节仅介绍各个高校都极为重视、影响力较大的全国高校青年教师教学竞赛以及全国高校教师教学创新大赛。

一、全国高校青年教师教学竞赛

（一）历史发展

全国高校青年教师教学竞赛于2012年首次举办，每两年举办一次，2022年为第六届。由教育部、中华全国总工会等教育行政主管部门牵头组织决赛，各省教育行政主管部门组织初赛选拔。

从第五届开始，竞赛专门研发了“青教赛”App系统，可观看往届竞赛视频。

全国青年教师教学竞赛已经发展成为范围广泛、涵盖各个学科、规模庞大的全国性高质量教学竞赛，一直位居教学竞赛数据榜榜首。它纳入了全国总工会“十四五”引领性劳动和技能竞赛，为许多年轻教师提供了广阔的舞台，使他们在实践中锻炼、成长和成才。

（二）竞赛宗旨

关注年轻教师的教育基本技能培养，强化师德和教育风采的建设，充分利用教学竞赛来引导、展示和提升教育人员素质。同时，强调倡导杰出典范和高超技能的传承，进一步激发年轻高校教师更新教育观念和应用现代教育方法的热情，致力于培育一支具备理想信仰、道德情操、博学多才、充满关爱之心的高水平、专业化教师队伍，推动我国高等教育事业的蓬勃发展。

（三）竞赛分组和参赛对象

竞赛分组：竞赛分组近几届略有变化，早年分文科、理科、工科3个组别，后又增加了思想政治专项，2022年第五届起又增加了医科，共5个专项组别。

参赛对象：具备高等学校教师资格证，专注于一线教育教学工作的专职教师，年龄在40周岁以下，坚定支持中国共产党的领导，积极践行党的教育政策，对教育事业充满热情，言行得体，遵守学术规范，以身作则，具备良好的师德。第六届大赛又新增近三学年持续从事一线教学工作的要求。

（四）决赛内容及流程

以“上好一门课”为竞赛理念，竞赛包括教学设计、课堂教学和教学反思三个组成部分，它们的分数分别是20分、75分和5分。

1. 教学设计

教学设计是指针对1个学时的教学活动进行计划和安排，包括以下基本要素：课题、教学目标、教学理念、教学分析（内容、难点等）、教学方法和策略，以及教学时间安排、教学评价、预习任务与课后拓展等。竞赛的要求包括：提交每门课程20个学时的教学设计方案，其中需要包括课程名称、课时数量、学情分析、教学目标、课程资源、教学内容和过程、教学评价方法，以及预习任务和课后作业等。评审委员会将对整套教学设计方案进行评分。提供每门课程20个学时对应的20个课堂教学节段的教学方案，这些节段包括了每个教学节段所需的教学内容，总共持续20分钟。2022年第六届全国高校青年教师教学竞赛改为16个学时以及对应的教学方案。

教学设计必须遵守教学大纲，内容应该充实并反映学科的最新进展。教学目标必须清晰，思路明确。必须准确地把握课程的要点和难点，确保针对性强。教学过程的组织必须合理，教学方法和工具的使用应当适当且有效。文字表达必须准确且简洁，以确保清晰明了地阐述教学内容。2020年第五届起新增课程思政内容，把立德树人放在首位。

2. 课堂教学

课堂教学要求在20分钟内使用普通话进行授课。评审委员会将主要从以下四个方面进行评价：教学内容、教学组织、教学语言和表现、教学特色。

根据各自参赛课程的需要，选手可以携带教学模型、挂图等教具，但白板笔和翻页器由组委会提供。还有一个观摩室供观众观看比赛，整个课堂教学过程将被录像，视频版权归组委会所有。

课堂教学要求提供对应学时阶段的PPT（Powerpoint），课堂教育内容应与教学设计一致。

课堂教学的评价主要分四个评价维度，教学内容、教学组织、教学语言与教态、教学特色。

教学内容的重点是要强调理论与实际的联系，必须符合学生的特点，注重学术性，内容要充实，应该贯穿专业思想，以满足教学目标的需求。教材内容要反映或关联到学科的新思想、新概念和新成果，必须突出重点，组织清晰，内容要有前后联系，讲究循序渐进的安排。2020 年第五届全国高校青年教师教学竞赛新增课堂德育要求，将渗透立德树人内容放在首要位置。

在教学组织方面，关注的要点包括教学过程的安排必须确保合理性，同时教学方法应具备弹性和适切性；教学设计方案必须全面且具有启发性，以有效地激发学生思维和积极学习动力；教学时间的分配应当合理，允许应对变化，同时要能够熟练运用现代教学工具和多媒体；板书设计必须与教学内容密切相关，具备合理的结构。板书与多媒体应相互协调，呈现出简洁、工整、美观的效果，并保持适当的大小。

语言教态要求包括使用普通话进行授课，语言表达清晰、流畅、准确、生动；语速和节奏应当合适，同时要合理运用肢体语言；教态应该自然大方，教态仪表得体，精神饱满，具备亲和力。

教学特色要明显体现在教学理念的前沿性、独特的风格、强烈的感染力以及出色的教学成果。

3. 教学反思

比赛选手在结束课堂教学后，会进入指定的教室，在 45 分钟内完成不超过 500 字的教学反思材料，重点从教学理念、教学方法和教学过程三个方面分析本课堂教学节段的实际情况。要求反思材料思路清晰，观点明确，贴近实际，表达真实感受。在反思室中主办方提供电脑，但不允许携带任何书面或电子资料。

教学反思的要求是必须从教学理念、教学方法和教学过程三个方面入手，确保反思内容与实际教学经验紧密相关，思路清晰，观点明确，表达清晰通顺，能够真切地表达个人的思想和情感。

4. 注意事项

选手必须参赛的课程学分要求至少为 2 个学分（包括 2 个学分）。

在课堂教学和报名时提交给评委的所有文本材料中，不得包含选手的姓名、学校，以及所属省、区、市等个人信息。

组委会将在比赛前举行参赛单位领队和选手会议，通过抽签方式确定选手的比赛顺序。

在比赛当天，选手将现场抽签，以确定自己将参赛的具体教学节段。

一般情况下，课堂教学环节采用“无生上课”的形式，并全程实施网络直播。

（五）案例分析——以山东省为例

全国各省（区、市）对此赛事尤为重视，各地选拔的过程不尽相同，以山东省为例，山东省每年进行选拔，2023 年为第十一届，整个过程分为学院选拔、省初赛、省复赛、省决赛，最终从近两年的决赛一等奖获奖选手中按比赛成绩、学科确定选拔名单。每年的选拔流程如下。

1. 奖项设置

比赛设有个人奖和单位组织奖。个人奖包括一、二、三等奖以及优秀奖，其中一、二、三等奖的数量分别按照省级初赛选手总数的 10%、15%、20%来确定。另外，根据比赛的组织实施、教师参与、整体表现和影响等方面的情况，评选出 25 个优秀单位组织奖。所有奖项在公示无异议后会正式发布。

2. 赛制及安排

比赛分为校级选拔赛和省级比赛（初赛、复赛、决赛）三个阶段。比赛的组织和评审依托于“山东省高等学校师资培训中心平台”（http：//sdgsgame.gspxonline. com）。以 2022 年第十届山东省青年教师教学比赛为例，时间和准备大致如图 1-1 所示。

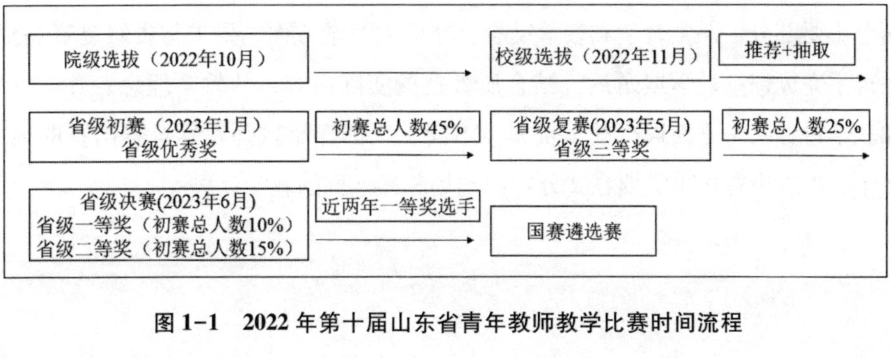

图 1-1　2022 年第十届山东省青年教师教学比赛时间流程

省级初赛比赛的参赛者分为被推荐选手和随机抽取选手。各学校选拔出被推荐选手，并确定随机抽取名单。一般在 12 月初，组委会将随机选取每所学校的备选选手，让他们进入省级初赛。这个抽取过程将通过网络直播公布。如果某些高校的备选选手不足，那么这些学校将无法进行抽取。

初赛名单选取结束后，会有大约一到两周的时间供选手上传材料，材料包括课堂教学视频、教学设计方案和教学课件。课堂教学视频时长应在 40 至 50 分钟之间，文件大小不得超过 500M，格式必须为 . mp4。参赛选手必须按照正常教学进度录制并上传一整节完整的课堂教学视频，不得进行剪辑。如果使用摄像机进行录制，只允许进行单机（可移动）的全程连续录制。如果使用录播教室的固定设备进行录制，可以使用自动切换功能。视频制作不得添加片头、字幕、注解等元素。

评审专家将会对选手的课堂教学视频进行定量评分，主要考察的方面包括教学内容、教学组织、教学语言与教态以及教学特色（同决赛课堂教学评分一致）。评审专家还将提供评审意见，需要强调的是，教学设计方案和教学课件将被用作参考，但不会单独进行评分。

省级复赛分为文科、理科、工科、医学 4 个学科领域。评审内容分为两个主要部分：教学设计和课堂教学。参赛选手需要准备包括 20 个学时的教学设计方案以及相应的 20 个课堂教学节段的 PPT。评审专家将对整套教学设计方案和 PPT 进行定量评分。在课堂教学环节，选手将从这 20 个教学节段中随机选择一个，进行一次课堂教学示范，时间限定在 20 分钟内。

省级决赛的组别设置与复赛相同，采用面对面比赛的方式。评审内容包括两个主要部分：课堂教学和教学反思。在课堂教学方面，要求与省级复赛一致。在选手完成课堂教学展示后，结合所教授的实际内容，从教学理念、教学方法和教学过程三个方面进行教学反思。不同于全国青年教师教学竞赛国赛的地方在于，省级决赛选手需要在 2 分钟内现场陈述他们的教学反思。

二、全国高校教师教学创新大赛

（一）历史发展

全国高校教师教学创新大赛自2020年开始创办，截至2023年已成功举办三届。该比赛由教育部高等教育司指导，中国高等教育学会主办，自首届以来，受到各级教育主管部门以及各高校的极大重视。

（二）竞赛主题与目标

竞赛一直以“推动教学创新，培养一流人才”为主题，目标逐年升华。第一届的目标主要为：落实以本为本。强化本科教育的基础地位，运用先进的教育理念，优化教学目标，设计教育内容，创新教育方法，改革评估方式，通过教学改革来促进学习革命。推动教授上讲台。倡导教师“回归本分”，鼓励教授走进本科生课堂，激发他们对教育的热情，鼓励他们深入教育领域的研究，培养其成为杰出的教育家，扮演学生成长的引导者和引路人。推进智慧教育。提高教师现代信息技术与教育教学领域深度融合的能力，鼓励教师积极探索智慧教育新形态，充分运用信息技术改革教学模式，推动信息化手段为高等教育服务。强化学习共同体。发挥基层教育组织的作用，鼓励高校以教研室、课程组、教学团队等基层教育组织为基础，创建学习社区，建立帮助和分享机制，进行教育研究与指导，促进教学改革和创新。引导分类发展。引导各类高等教育机构适应普及高等教育和信息化时代的新要求，结合不同类型的教育机构和实际情况，推动高校教师队伍建设的多样化发展。

第一届大赛主题和目标指明了此竞赛的目的为创新，并且鼓励教授进课堂。与全国青年教师教学比赛不同，此竞赛更注重课程体系的建设以及课程建设过程中成果的积累和呈现。

第二届和第三届大致相同。第二届紧紧围绕高质量教育体系这一中心主题，深入推动高等教育教学改革，为“四新”建设提供有力支持；发挥竞赛的示范引领作用，全面推进思政课程与课程思政同向同行，以精心打造高校教师教学创新的标杆展示和交流平台。第三届加强了对课程思政的建设，“全面推进课程思政建设”，课程思政建设的重要性可见一斑。

（三）竞赛分组和参赛对象

竞赛分组方面，第一届和第二届全国比赛分为两个赛道，一个是部属高校类（包括省部合建高校），另一个是地方高校类。每个赛道再根据主讲教师的专业技术职务等级划分为正高组、副高组、中级及以下组这三个组别。在各个赛区推荐参加全国比赛的教师中，正高组的人数不能少于总人数的 1/3。

第三届的竞赛分组更加细化，根据“四新”建设、基础课程、课程思政等不同领域以及参赛教师的专业技术职务等级来进行分组，总共分为 6 个大组，每个大组再细分为正高组、副高组、中级及以下组，共计 18 个小组：新工科组（正高组、副高组、中级及以下组），新医科组（正高组、副高组、中级及以下组），新农科组（正高组、副高组、中级及以下组），新文科组（正高组、副高组、中级及以下组），基础课程组（正高组、副高组、中级及以下组），课程思政组（正高组、副高组、中级及以下组）。外语方面，鼓励“理解当代中国”等相关课程的教师积极报名参赛。

参赛对象为全国的本科高校在职教师（包括主讲教师），主讲教师必须在过去的 5 年内至少讲授过所要参赛的本科课程两轮或以上。他们可以以个人或者团队的形式报名参加比赛。如果选择以团队形式报名，团队应该包括 1 名主讲教师和不超过 3 名团队教师。并且从第二届起指出，已经在往届大赛中获得一等奖的主讲教师不能再次参加同一组别的比赛。

（四）赛制安排

大赛为三级制。首先由各高校根据省赛方案，进行校内选拔，择优推荐参加省赛。其次由各赛区负责单位开展省赛选拔，并上传进入全国决赛的教师名单。最后为全国赛，全国 32 个赛区被推荐选手同台角逐，展现自己的创新教学。以山东省 2023 年的选拔为例，时间节点如图 1-2 所示。

山东省 71 所本科高校全部派代表参赛，共有 9 496 名教师，3 500 余支参赛团队报名参加校赛，1 230 名教师和 465 项作品晋级省级决赛，其中 80 名教师和 144 项作品成功晋级全国赛网络评审阶段，充分说明该比赛具有很强的吸引力和影响力。

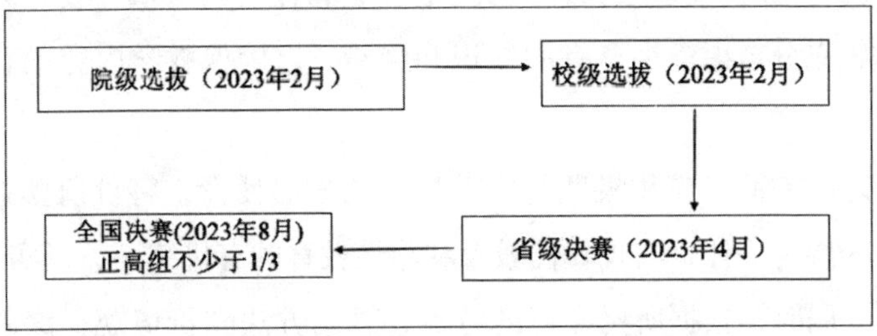

图 1-2　山东省 2023 年选拔时间节点

（五）国赛内容及标准

为"推动教学创新，培养一流人才"，全国比赛的评审包括网络评审和现场评审，总分为 100 分。网络评审环节总分 60 分，分为课堂教学实录视频（占 40 分）和教学创新成果报告（或课程思政创新报告，占 20 分）两个部分。现场评审环节总分 40 分，参赛教师（或团队）需要进行不超过 15 分钟的教学设计创新汇报，随后评委会进行 10 分钟的提问交流。

选手的总得分将根据三个要素的得分总和来确定，这些要素包括课堂教学实录视频、教学创新成果报告（或课程思政创新报告），以及教学设计创新汇报。

1. 课堂教学实录视频

课堂教学实录视频时长应为两个 1 学时的完整教学实录。此外，与课堂教学录像相关的材料还包括：参赛课程的教学大纲、与课堂教学录像内容相对应的教案和课件。教学大纲应包括课程的名称、性质、课时学分、学生对象、课程简介、教育目标、课程内容和教学计划以及课程评价等相关要素。质量较高的课堂录课视频应该包括以下方面。

在教学理念方面，强调倡导"学生中心"的教育理念，积极实践立德树人思想，并确保与学科特色和课程要求相协调。此外，以"四新"建设为引导，推动教育教学改革，提高培养人才的水平。

在教学内容方面，强调要确保内容的深度和广度，注重强化高级、创新和具有挑战性的元素，反映学科的最前沿知识，贯彻专业思想，并充分借助高质量的教育资源。同时，教学内容应当满足行业和社会的需求，妥善处理教学的难点和重点，充分考虑学生已有的知识和经验，以确保教学内容的科学性和合理性。

在课程思政方面，应积极践行立德树人的核心使命，将价值塑造、知识传授和能力培养融为一体，实现显性教育和隐性教育的有机统一，以实现“三全”育人的目标。同时，根据所授课程的特点、思维方法和价值观，深入挖掘课程思政的元素并将其有机地融入教学中。首届仅在教学理念维度提及立德树人思想，自第二届起，单独增加课程思政评价维度。

在教学过程方面，强调以学生为中心，倡导创新教学，平衡教师的引导和学生的主动参与。教学目标应当具有科学性和准确性，与教育大纲要求、学科特点和学生实际情况相一致，包括知识、能力和思维等多个方面。教学组织需要有序，过程安排合理，采用新颖的教学方法和策略，注重师生互动，鼓励学生思考和解决问题，同时应用信息技术来创造教学环境，促进教学的创新。此外，还需要创新评估和考核的内容和方式，关注形成性评价，以及学生对生成性问题的解决和应用。

最终的教学成果应呈现出和谐的课堂气氛，学生积极思考，深度参与课堂活动，确保学生在知识、技能和思维方面都得到了充分的发展，完成了教学目标。这种教学模式应当适应学科和学生特点，具有广泛借鉴和推广的价值。

最后，教学视频的质量应当维持高清晰度和流畅性，以真实地反映教师和学生正常的教学过程。

2. 教学创新成果报告（课程思政创新报告）

编写教学创新成果报告必须建立在参赛课程的实际教学实践经验和深刻反思的基础之上，以突显教学创新带来的成就。在这一过程中，应着重关注实际存在的教学问题，通过重新设计课程内容、创新教学方法、改善教学环境以及革新教学评价等方面的探索，采用教育实验研究的方法来解决这些问题，并明确呈现教学成果及其在教育领域的推广价值。至于课程思政创新报告的起草，需根据学科专业的培养要求和特色，深度挖掘并解决课程思政教学中真正存在的问题。该报告应包括摘要和正文，字数建议控制在约 4 000 字左右。优秀的报告体现在以下方面。

需有明确的问题导向，基于实际课堂教学中的问题，体现“以学生发展为中心”的理念，并提出详尽的问题解决方案。同时，必须具备鲜明的创新特色，贯穿“四新”建设要求于教学全过程，对教学目标、内容、方法、活动和评价等各个环节展开全面深入的分析，以凸显教学创新的特点。还要凸显课程思政的特色，总结课程思政建设中的特点、亮点和创新之处，形成具备广泛借鉴和推广价值的经验和做法。同时，要重视信息技术在教学中的应用，能够把握新时代下学生学习特点，充分利用现代信息技术进行课程教学活动和学习评价。要注重创新成果的推广，能够对创新实践成效进行有效分析与总结，形成具有推广应用价值的教学新方法和新模式。

3. 教学设计创新汇报

教学设计创新汇报是现场评审的一个环节，竞赛参与者需要结合教学大纲和教学实践，在不超过 15 分钟的时间内进行汇报。专家评审委员会在汇报后的 10 分钟内就选手的汇报内容提问并进行交流，满分 40 分，其中课程思政、文档规范、设计创新是第二届起新增的内容。

在教育理念和教学目标方面，课程设计应体现“以学生发展为中心”的理念，确保教学目标与学科特点和学生实际情况相一致。此外，在各个学科领域要积极推动“四新”建设，促进教学模式的创新，同时也要明确对知识、能力、思维等方面的要求。教学目标应具体明确，易于理解和实施，使用正确的行为动词，规范阐释。

在内容分析方面，应当准确描述教学内容之间的前后知识点关系、地位和作用，清晰分析教学的重点和难点。此外，还需要将教学内容与学科研究的新进展、实践的新经验以及社会需求的新变化相关联。

在学情分析方面，应适当描述学生的认知特点和起点水平，并合理分析学生的学习习惯和能力。

在课程思政方面，应将思想政治教育与专业教育有机融合，并以具有示范和推广价值的典型教学案例加以说明。

教学过程与方法方面，教学活动应多样丰富。在教育学领域，教育过程和方法的多样性以及其与各级别的知识、技能和情感目标的关联至关重要。这需要教育者具备创新运用教材的能力，以确保教育内容的充实与精要，能够适应学生的认知水平；拥有合理的教育结构，自然的知识过渡，易于实施的教育方法；同时也能够促使理论与实践相结合，激发学生的批判性思维和问题解决技能。教育方法的设计应考虑特定课程的独特性，引入创新的教育策略、方法和技术，以解决课堂中出现的各种教育问题和困难。教育重点应该得到重点关注，难点应当被精准把握并深入教授。此外，合理选择和应用信息技术在教育中也是至关重要的，同时要创设教育环境，鼓励师生互动，强调学生的自主学习、合作学习和探究性学习。

在考评与反馈方面，应当采用多元评价的方法，以合理评估学生的知识、能力和思维发展。需要将过程性评价与终结性评价相结合，并制定适用于各个学科和学生特征的评价准则和标准。

在文档规范方面，文字、符号、单位和公式应符合标准规范，语言应保持简练和清晰，字体和图表应适度运用。文档的结构应当完备，布局要合理，格式应当具有美观性。

在创新设计方面，整个教学方案设计应具备创新性，以反映高等教育的理念和标准。应当适当选择创新的教育方法，以确保教育过程具有突出的特色。

值得注意的是，汇报末一般会增加课程相关创新成果，例如依托该课程的项目、著作、论文、荣誉、奖励等，以体现创新实效等。

第三节　单一学科教学比赛

单一学科教学比赛主要指统一学科大类下的教学比赛，与高校英语相关的一般分为英语语言文学、外国语及应用语言学、文科等类别，与高等院校英语教师教学息息相关的比赛有“外教社杯”全国高校外语教学大赛、全国高等学校（职业院校）外语微课优秀作品征集与交流活动、外研社“教学之星”大赛、全国高等院校英语教师教学基本功大赛、全国高等学校（职业院校）外语课程思政优秀教学案例征集与交流活动。该类比赛一般由高校外国语学院或含有外语教学的部门进行组织和选拔。

一、“外教社杯”全国高校外语教学大赛

(一) 历史发展

“外教社杯”全国高校外语教学大赛(SFLEP National Foreign Language Teaching Contest)(https://we.sflep.com/Teaching/TeachingCompetition.aspx)始创于2010年，是中国最早举办的全国性外语教育竞赛之一。此竞赛覆盖了全国1 000多所高校，受到高度重视和肯定，并赢得了教育主管部门的极高评价。依据中国高等教育学会发布的“全国普通高校教师教学竞赛分析报告”，该竞赛在外语类专项教学竞赛中居首位。

第一届“外教社杯”全国大学英语教学大赛是由教育部高等学校外国语言文学类专业教学指导委员会、教育部高等学校大学外语教学指导委员会以及上海外语教育出版社联合主办。该竞赛分为两个组别，即大学英语综合课组和视听说课组。

2012年，第三届竞赛经历了一项重要的改变，将其原名“‘外教社杯’全国大学英语教学大赛”更名为“‘外教社杯’全国高校外语教学大赛”。这次大赛是我国第一次举办全国性的英语专业教学竞赛。

2014年，第五届“外教社杯”全国高校外语教学大赛进行了重要的改进，增设了职业院校组，同时教育部职业院校外语类专业教学指导委员会成为主办单位之一。这次竞赛着重强调职业院校英语教学的特色，强调培养学生在职场环境中的语言应用能力，同时也要确保他们打好英语基本功。

2015年，第六届竞赛进行了扩充，增设了英语类专业组，首次设立了商务英语专业组和翻译专业组。自此，该竞赛确立了大学英语、职业院校和英语类专业的三年一轮的竞赛模式。

为了激发广大高校外语教师对创新课堂教学模式的兴趣，积极促进信息技术与教育教学的深度融合，第七、第八和第十一届竞赛增设了微课比赛，吸引了众多高校教师参与，激发了他们利用新技术、探索新教学模式的热情。

为了更好地服务国家"一带一路"倡议，促进多语种+卓越外语人才的培养，2021 年第十二届"外教社杯"全国高校外语教学大赛不仅保留了英语专业组、商务英语专业组和翻译专业组，还首次设立了日语专业组，创下了该竞赛设立组别最多的纪录。

2022 年，第十三届"外教社杯"全国高校外语教学大赛以大学英语组为主，分为综合课组和（视）听说课组。竞赛有效提升了我国大学英语教师的育人素养、学科素养、教学素养和信息素养，为推动我国高等教育的高质量发展、促进教育的现代化贡献更多力量。2023 年 3 月，对全国 30 个赛区层层选拔出的 60 位选手进行最终评审，官方视频号进行全程直播，在线观看人数达 30 余万人次。

（二）竞赛宗旨

"外教社杯"全国高校外语教学大赛旨在深入理解和切实贯彻全国教育大会的核心精神，以确保高校教育任务更加全面完成，尤其注重道德品德培养。该竞赛秉持《中国教育现代 2035》和《高等学校课程思政建设指导纲要》的要求，通过建立全国范围的竞赛平台，持续推动高校外语教师队伍的建设，积极促进教育者的专业成长，不断深化教育教学改革，积极探索构建具有鲜明中国特色的外语教学模式。

（三）竞赛学科和参赛对象

高等院校以及职业院校的一线外语教师均可参赛。具体竞赛学科和参赛对象每年因章程而有所不同。

（四）赛制安排

"外教社杯"全国高校外语教学大赛参赛教师通过学校层层选拔，一般由语学院或包含外语学科的部门负责组织。以 2022 年第十三届"外教社杯"全国高校外语教学大赛为例，赛制时间节点如图 1-3 所示。

1. 分赛区

复赛主要考察教师授课情况，教学环节呈现如下特点：整体时长为 20 分钟，其中最初的 3~5 分钟用于全面综述，随后是正式的课堂授课时间。在综述部分，选手需要详细叙述其授课的整体教学设计，推荐采用图示法来清晰呈现

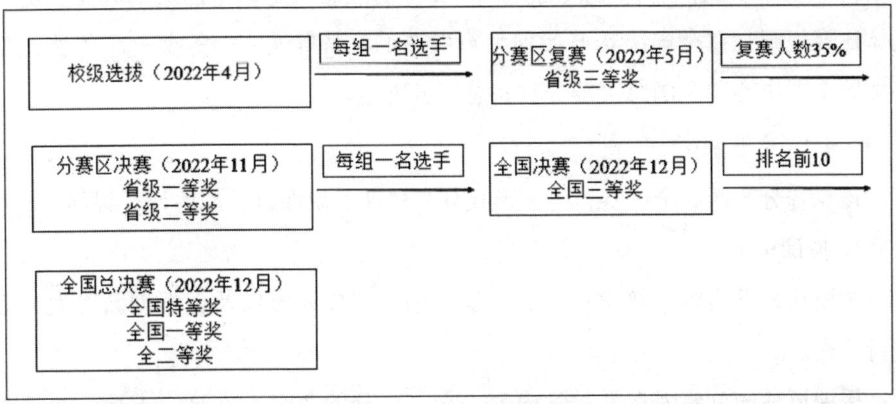

图 1-3 2022 年第十三届“外教社杯”全国高校外语教学大赛赛制时间节点

教学目标的设定及其与实际执行之间的逻辑联系。在实际授课时间内，选手将侧重于展示整个教学设计中的某一个具体模块。为更好地辅助授课，选手需要准备电子课件。综述和授课总时间不应少于 17 分钟，不得超过 20 分钟。此外，此环节为“有生课堂”，学生的积极参与与选手的授课密切相关，也是本比赛区别于其他比赛的重要部分，其极其全面地考察教师对课堂的把控能力。

经专家评审并当场宣布，复赛人数的 35% 进入分赛区决赛。决赛考核内容主要包括说课和回答评委提问两个环节。在说课部分，综合课组选手需要基于约 800 个英文单词的选文进行综合课组说课。（视）听说课组基于 3~5 分钟的视频内容进行说课。选手有 30 分钟的准备时间。说课时间在 7~10 分钟，必须以选定的材料内容为核心展开。随后，在评委的提问环节，选手需要回答评委的问题。此环节时长为 5 分钟，最考验教师的基本功以及临场发挥能力，极具挑战性。

分赛区复赛授课与决赛的说课和回答问题的总分，决定排名，第一名将有机会进入下一场角逐。

2. 全国赛

每个分赛区的综合课组和（视）听说课组决赛中获得第一名的选手晋级全国决赛。全国决赛将采用“授课+回答评委提问”的形式。在全国决赛结束后，排名前 10 位的选手将获得晋级资格，参加全国总决赛。全国总决赛则将采用

"说课+回答评委提问"的形式进行。需要特别注意的是，全国决赛和总决赛的具体比赛规则是在全国决赛开始前另行发布的。特等奖、一等奖、二等奖比例将按照全国决赛和全国总决赛分数和总排名决定。

（五）竞赛标准

该竞赛分赛区、全国赛，考察形式分为授课、说课以及回答评委提问。

1. 授课标准

主要从教学内容、教学过程、教学效果、综合素质以及教学创新五大方面进行考察。

授课评估的首要因素是教学内容，它占总分的 20%。在这一方面，教师需要展示其教育理念，并将课程思政与外语教学有机融合，借助适宜的教育理论完成教学设计。这包括明确、合理设定教学目标，有效确定教学的重点和难点，以及在有限时间内有针对性地引导学生，培养他们的语言能力、思维能力和合作精神，传授语言文化知识，有意识地提升学生的人文素养、科学素养。

教学过程在课程评估中占比 35%，是至关重要的一环。在这一部分，教师需要合理设定教学目标，巧妙地安排教学步骤，采用合适的教学方法，同时将教育价值观引导融入知识传授和能力培养中。强调教学的要点，确保教学过程流畅，各教学步骤衔接自然。教育应将学生置于主体地位，鼓励他们积极参与，教师提出的问题要符合学生的认知能力和语言学习需求，及时准确地解答问题，并根据学生反馈进行必要的授课方式的调整。多媒体工具的适度运用也可对教学起到积极的辅助作用。

教学效果占总分的 20%，是对教学质量的关键评价标准。在这一部分，教师应该能够有效激发学生的学习热情和主动性，为他们设置思维上的适度挑战。此外，在课程结束时，学生要通过教学能够达到既定的语言能力、语言知识或素养目标。

综合素质在总分中占比 20%，它反映了教师的综合素养。这包括展现自然的教态，拥有亲和力，不显得紧张或表演。教师需要流利的口语表达，语音和语调准确自然，还应具备广泛的人文素养和知识背景，并且有较强的课堂管理能力和适应能力。

教学创新占总分的 5%，这是在鼓励年轻教师深入研究教学方法，积极创新，形成自己独特的教育风格，不断提高教育质量。

2. 说课标准

教学任务与目标占总分的 20%。这方面要求明确、合理地设定教学任务与目标，并能够充分体现教师个人的教育理念。这意味着教育任务要清晰，目标设定要合理，同时要能够体现教师教学理念的特点。

教学设计在总分中占比为 35%。这方面的标准要求教师的教学设计应符合语言学习规律，同时体现语言工具性和人文性的特质。教师需要具备准确理解教材内容的能力，可以有效地确定教学的重点和难点，并将其巧妙地安排在课堂教学任务中。此外，教育任务的安排要合理，同时要能够突出课程思政与外语教学的有机融合。

课程设计在总分中占 20%。这部分的标准强调课程设计的完整性、任务安排的合理性，以此确保整个课程的质量和一致性。

综合素质占总分的 20%。这包括口语流利、表述准确，具备较高的人文素养和广泛的知识背景，这些特质都是评价教师综合素质的重要指标。

教学创新部分在总分中占据 5%比重。此项评价是鼓励年轻教师积极投身深入的教学方法研究，勇于创新，形成自己独具特色的教育风格，实现教育质量的不断提升。

二、全国高等学校外语微课优秀作品征集与交流活动

（一）历史发展

全国高等学校（职业院校）外语微课优秀作品征集与交流活动，其前身为外语微课大赛，2014 年举办，2016 年暂停一年，至 2020 年共举办六届，一直由高等教育学会牵头主办，高等教育出版社主要承办。2021 年起更名为全国高等学校（职业院校）外语微课优秀作品征集与交流活动（中国外语微课网 https：//weike. hep. com. cn/），由高等教育出版社、全国高校教师网络培训中心以及《中国外语》编辑部主办。大赛不指定教材，但从 2022 年开始，赛制引入了新要求，教师需要基于指定高等教育出版社的相关教材，在其中选择一单元，

然后专注于某一特定的知识点或教学问题，制作微课视频。2021 年，主办单位还开启了另一项活动，2023 年将其纳入竞赛数据榜，即“外语课程思政优秀教学案例征集与交流活动”，由于举办历程较短，本节不做重点介绍。

全国高等学校（职业院校）外语微课优秀作品征集与交流活动由于其影响力大，赛制短的特点，每年都能吸引大批外语教师积极参与，仅在 2022 年，就有 644 组队伍参与竞赛，在 2023 年，有 608 组本科英语教育团队成功晋级省级评审阶段。

（二）竞赛宗旨

全国高等学校（职业院校）外语微课优秀作品征集与交流活动前身为外语微课大赛，竞赛紧跟时代要求，充分融入科技手段。2023 年的竞赛旨在深入贯彻落实党的二十大核心精神，积极推动国家教育数字化战略行动，致力于构建“人人皆学，处处能学，时时可学”的外语教学生态系统。竞赛的核心理念是以培养人才为中心，以教学能力提升为重点，专注于提高教育者的教学能力。竞赛要求微课设计必须具备创新性、时代性、专业性，旨在推动外语教育在新发展阶段高质量发展。

（三）竞赛分组和参赛对象

全国高等学校外语微课优秀作品征集与交流活动的参赛对象为全国各普通高等学校、职业院校的专职外语教师或教育团队。竞赛划分为四个组别，包括本科英语组、高职高专英语组、中职英语组及其他语言组（仅限日语、俄语、德语和法语）。每位参赛的外语教师或教学团队限报一件作品，且教学团队应当包括 1 名第一作者以及不超过 4 名的团队成员。

（四）赛制安排

全国高等学校外语微课优秀作品征集与交流活动为学校推荐，只要作品数量不超过外语教师总人数的 20%就可推荐至省级征集与交流，参与省赛评选以及全国评选，省赛会根据作品质量评选出省级一二三等奖，省级一等奖进入全国评选，同时从一等奖中会遴选出优秀作品参与现场征集与交流，评选出全国一等奖及全国二等奖，其余的为网络评选的全国三等奖。以 2023 年全国高等学校（职业院校）外语微课优秀作品征集与交流活动为例，各环节时间节点如图

1-4 所示。

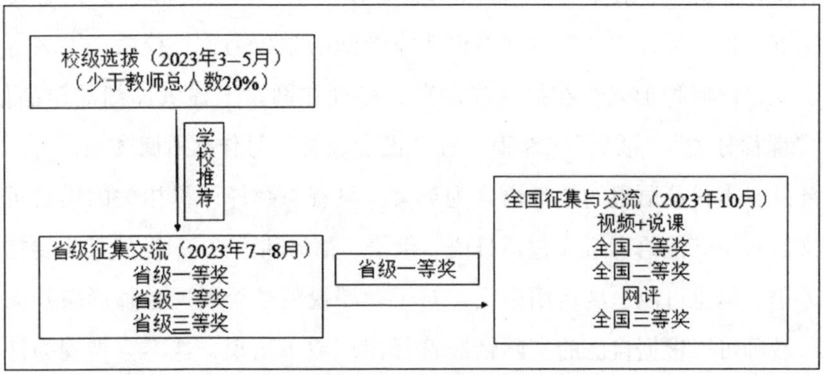

图 1-4　2023 年全国高等学校（职业院校）外语微课优秀作品征集与交流活动各环节时间节点

（五）竞赛标准

1. 作品要求

作品设计要求："外语微课"可被界定为一种教育工具，其主要目标是提高学生的外语语言能力、跨文化交际能力和自主学习能力。它专注于特定的知识点、技能点和问题点，采用视频形式，以在极短的时间内呈现高度结构化的教育内容。这种形式的教育工具旨在满足学习者在碎片化时间和多元化空间中的多样化和个性化学习需求（马武林，何静静，2017）。

构成要素包括微课视频、作品介绍、教学设计方案以及辅助扩展资料。第一，每个视频的时长为 5~8 分钟。视频必须保持图像清晰稳定，构图合理，声音清晰，不得有交流声、杂声或噪声等其他缺陷。视频片头不可超过 5 秒，须包括活动名称、活动组别、课程名称和作品标题，以及配套教材的名称，还可在主要环节包含字幕提示。第二，作品介绍应为微课的教学内容提供简洁的综合概述。要求语言简明，概括性强。第三，教学设计方案为与微课视频配套的教学设计，包括教学目标、教学对象、设计思路、教学步骤、实现手段、教学总结以及作品引用出处等相关材料。作品中所有非原创内容必须注明引用来源。设计方案的内容和形式由教师自行设计，无固定模板。第四，辅助扩展资料应根据教学设计合理配置，包括但不限于 PPT 课件、多媒体素材（音频、视频、动画、图片、文本、表单等）、练习和答案及反馈等。练习和答案是必要的材料。第五，强调所有作品的内容不得泄露教师的学校名称、校徽、姓名等个人信息，无论以何种形式。在提交作品前，必须在网站上提供详细的作品信息，包括“课程分类”“话题”“课程”和“配套教材”等作品所属类型。

此外，本科英语组的教学语言为英文，只有与翻译课程相关的项目可以使用中文。对于其他语言组（包括日语、俄语、德语和法语），虽然其主要授课语言为外语，但也可以适度运用中文。对于微课视频是否展现教师形象并无特殊要求，教师可以根据自己的实际情况选择出现或不出现，这不会被视为评审的标准或依据。作品的目标受众应为对相关主题的课程内容感兴趣并具备一定学术背景的学生，同时需要具备一定的普适性。作品的制作可以由团队共同完成，包括外籍教师。

2. 评价标准

评价项目包括内容标准、技术规范以及效果评价。内容标准涵盖内容选题和方案设计。选题主要考察是否涵盖了常见、典型或具有代表性的教学内容或问题，作品主题是否与课程范围合理相关，且避免了无科学性、政治敏锐性或歧义性的问题，同时未侵犯他人的知识产权。卓越的方案设计要求教学目标明确、受众定位准确，体现以学习为中心、以学习者为本的教学理念；切实教学设计的目标要求，传授知识点、培养技能或解决疑难复杂问题；过程设计要主线清晰，突出重点，逻辑性强，易于理解；内容的组织与教学步骤需符合外语学习规律；教学方法要深入浅出，生动有趣，富有启发性；设计构思要富有创意，不受传统教学模式的约束；同时，语言表述（口头或字幕）要准确，语法要无误。

技术规范涵盖了材料规范和技术应用。在材料规范方面，要求相关文件的提交应当齐全，并符合“作品基本要求”中的相关规定。对于音视频制作，音频和视频画面必须保持同步，字幕应当清晰且标注明了，图像应当保持清晰和稳定，多媒体元素的运用要得当，界面的安排应当科学和合理。视频中的声音必须保持清晰，发音标准，语速适中，具有节奏感，语言表达应当具备感染力。

在技术应用方面，录制方法和录制软件或工具的应用或组合应当自由灵活，同时要实用得当。拍摄和制作方法应当具备新颖性和创意。

效果评价的维度包括实现既定的教学目标并有效解决相关教学问题。作品应当富有创意和吸引力，能够充分激发学生的兴趣和积极性，确保学生在学习过程中有所收获。作品应能够有效地应对教学中的关键问题、难点、疑点和重要知识点，同时鼓励学生进行深入思考和积极参与，促进学生自主学习。

三、外研社"教学之星"大赛

（一）历史发展

外研社"教学之星"大赛（FLTRP Star Teacher Contest）（https：//heep.fltrp. com/star）由教育部高等学校大学外语教学指导委员会、教育部高等学校英语专业教学指导分委员会、外语教学与研究出版社主办，创办于 2013 年。

2013 年至 2018 外研社"教学之星"大赛（大学英语组）以教师个人报名方式参加，参赛对象为大学英语课程体系教师。

2019 年起更名为外研社"教学之星"大赛（本科英语组），2019—2022 年参赛对象为大学英语课程体系及英语专业课程体系教师，分大学英语组和英语专业组，2023 年新增"理解当代中国组"。

2019 年起鼓励 3~5 名教师组成的团队比赛，规定院校选拔环节由团队中的 1 名教师进行教学视频展示，全国半决赛中由参赛团队负责人阐述教学设计方案，团队任一成员进行课堂教学展示。2023 年院校选拔赛中由团队负责人阐明教学设计思路改为由团队任一成员展示真实课堂教学。

外研社"教学之星"大赛的影响力逐渐扩大，截至 2022 年，该比赛吸引了近 800 支团队，共有近 4 000 名教师参加。在全国总决赛中，近 20 000 名教师在线观摩，共同见证了 17 支参赛教师团队呈现的精彩表现。

（二）竞赛宗旨

每年的主题各有不同，但外研社"教学之星"大赛一直秉持着"引领教学发展、创新教学理念、交流教学方法"的宗旨，坚持以"专业水准、规范流程、科学评价"为原则，以"多语种、多层次、多模式"为特色，为高校外语教学的创新和教师队伍的建设做出了积极贡献。

（三）赛制安排

外研社“教学之星”大赛分校级选拔初赛、全国复赛、全国半决赛和全国总决赛。校级选拔初赛选拔出的教师团队将进入全国复赛，全国复赛为通讯评审，每个组别设特等奖、一等奖、二等奖，其中特等奖有资格进入全国半决赛。全国半决赛在暑期线下举行，比赛会评选出特等奖、一等奖、二等奖。半决赛特等奖进入全国总决赛，再分别评出全国冠军、亚军、季军、一等奖。以 2023 年外研社“教学之星”大赛为例，时间节点如图 1-5 所示。

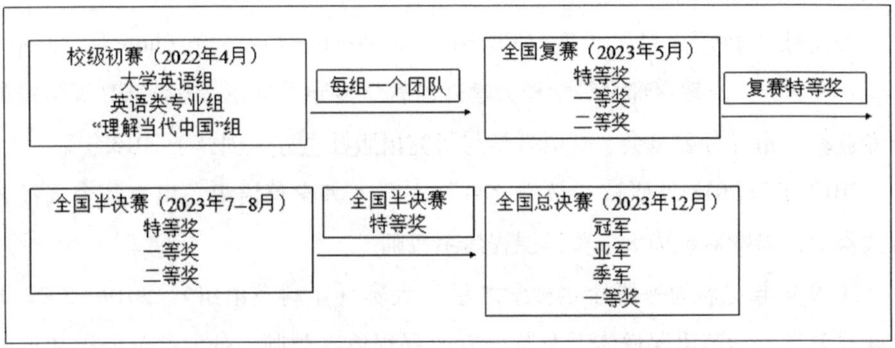

图 1-5　2023 年外研社“教学之星”大赛时间节点

（四）参赛材料及标准

1. 初赛、复赛

在初赛和复赛的评审中，参赛团队需要提供规定格式的教学设计方案和录制的视频展示。

第一大部分，教学设计方案包括教学目标、教学过程、教学评价以及数字应用。

第一，教学目标应明确体现教育立德树人的核心理念，实现语言目标与育人目标的有机融合；同时，这些目标应反映国家、学校以及学生的需求，注重学生未来的发展，并充分体现学校的培养特色；表述时应当准确、清晰、有条理。

第二，教学过程应围绕教学目标密切展开，逐层递进，逐步深入。教学内容必须准确无误，没有知识性或逻辑性的错误；应该合理选择、整合和应用教材内容，以确保教学设计与学生的实际情况和教学规律相契合，从而有效实现教学目标；需要充分发掘教材中蕴含的课程思政元素，将价值塑造有机融入到知识传授和能力培养的过程中；通过明晰的流程、有效的方法和先进的模式，提高学生的知识水平、能力和综合素养；应该具备激发学生兴趣和潜力的能力，鼓励学生在外语学习中进行合作、探究和创新。

第三，教学评价应当突显学校的特色，可以有效验证教学目标的达成情况；评价需包括显性和隐性维度，综合考察语言目标和育人目标的实现情况；评价方法要多样化，采用多种途径来收集信息，使用形成性评价和终结性评价相结合的评价方法；评价标准应明确定义，具有引导性，能够激发、指导并监督学生学习。

第四，数字应用实施时应当巧妙地将教材的运用与数字化资源及平台应用有机融合，以服务教学目标，推陈出新，创新教学模式。与此同时，将线上和线下教学融为一体，从而提升教学的效率和效果。此外，还应采用数字化测评手段和工具，以提高评价的有效性和科学性。

第二大部分展示录像可分为两个主要部分：首先，由团队负责人阐述该课时的教学设计思路，重点体现如何有效地应用教材实现教学目标，以及如何通过数字化技术提高育人成效，时长为 3 分钟，阐述时使用英语。其次，由团队负责人之外的任意一名教师进行真实的课堂教学，演示如何有效利用教材，展示出有机融合数字化资源和平台教学与育人的过程，时长为 40~45 分钟，同样使用英语来完成。

展示录像必须满足以下要求：录像必须清晰呈现教师和学生在课堂中如何有效地运用教材；录像必须展示教师如何巧妙地应用数字化资源和平台进行教育教学活动；教学活动和内容必须重点突出，目标明确；教学设计必须具备科学性和合理性，可以有效服务教学目标；课堂教学与教学设计必须高度契合，充分反映理论和实践的统一；教学组织必须紧凑流畅，逻辑清晰，符合学生的认知规律，同时教师需要充分发挥其“脚手架”的作用；教学互动性必须要强，学生积极性和参与度要高；教师教态应得体亲切，语言规范清晰，充满感染力。

2. 全国半决赛、全国总决赛

全国半决赛和全国总决赛的评审环节一致，均为教学设计介绍（7 分钟），课堂教学展示（10 分钟）以及现场问答环节（3 分钟）。唯一不同的是，全国总决赛的参赛内容是大赛从指定教材当中选择。每一个环节标准如下。

在教学设计介绍部分，由团队负责人负责详细描述单元教学设计方案，包括介绍 10 分钟课堂教学展示环节的选取原因和整体思路，阐明如何体现教材理念和使用教材内容，以及阐释如何通过数字技术提升教育效果。评分标准与初赛“教学设计方案”相近。

在进行课堂教学展示时，团队中的一名教师（团队负责人除外）应选择参赛单元中最具特色、关键完整的一个教学环节，依托教材内容，合理运用数字化资源和平台，进行教学示范。课堂展示要能彰显出教师对教材内容的深刻理解和有效运用：教学活动的目标明确，设计合理，与单元教学目标有机衔接，确保学生明白他们正在学习的内容和目标；教学组织井井有条，教学过程紧密连接，逻辑清晰，以确保教学的连贯性和有效性；教师充分发挥“脚手架”的作用，引导和激发学生积极参与教学活动的热情，鼓励他们思考和互动；合理利用数字化资源和平台，高效组织课堂活动，通过深度互动的智慧课堂提升教学效果；结合数字化评估，采用多元评价方式，有效检验教学目标的实现情况，更全面地了解学生的学习进展。在授课展示过程中，教师应表现得得体自然，表达简洁流畅，提供清晰的教学指导。

在现场问答环节，评委会共提出两个问题，一个问题由团队负责人回答，另一个问题由教学展示教师来回答。此环节的关键点在于评估参赛者的回答表现，包括思路清晰、逻辑性强、内容切题、无知识性错误、阐释充分以及说服能力。同时，参赛者还需要准确控制回答问题的时间。

四、全国高等院校英语教师教学基本功大赛

（一）历史发展

全国高等院校英语教师教学基本功大赛（http：//www. tefl-china. net）是由

高等学校大学外语教学研究会、全国高等师范院校外语教学与研究协作组主办，英语辅导报社、考试与评价杂志社承办，这是我国首个以“借班上课”形式还原高校真实英语课堂的竞赛。自2016年首次举办以来，每年定期举行。这一竞赛已成功在苏州科技大学、宁夏大学、贵阳学院、广西师范大学等高校举办。竞赛吸引了来自全国约360所高校，包括北京外国语大学、东南大学、四川师范大学等知名院校的近1 100名高校教师参赛。

（二）竞赛宗旨

全国高校英语教师教学基本功大赛秉承“以赛促教”的原则，坚定地践行党的第二十次全国代表大会的指导思想以及全国教育大会的核心理念，旨在推动构建高质量的高等教育体系，推动卓越的课程资源广泛共享。

（三）竞赛分组和参赛对象

全国高校英语教师教学基本功大赛有三个主要竞赛项目，即“优秀课例评比·实录课”“优秀课例评比·微课”和“优秀课例评比·说课”。

此竞赛的参赛对象范围十分广泛，涵盖了几乎所有在高等院校（包括高职高专和教育学院）从事英语课程教学工作的英语教师。报名条件：年龄不超过50周岁，需要得到所在院系的推荐支持。每所学校在每个竞赛项目类别中最多可推荐两名教师或两个教师团队参赛。

（四）赛制安排

全国高校英语教师教学基本功大赛有院校选拔、省级评比以及全国评比三个环节。院校推荐后，实录课和说课选手会经过省赛初评，评选出省级一等奖、二等奖和三等奖。省级一等奖选手获得全国复评资格，参与评选全国一等奖和二等奖。院校推荐的微课可直接进入全国复评，评选出全国一等奖、二等奖、三等奖和优胜奖。整个比赛从提交材料到省赛和全国赛，评审周期短，准备材料较少。以下为2023年全国高校英语教师教学基本功大赛为例，时间节点示例如图1-6所示。

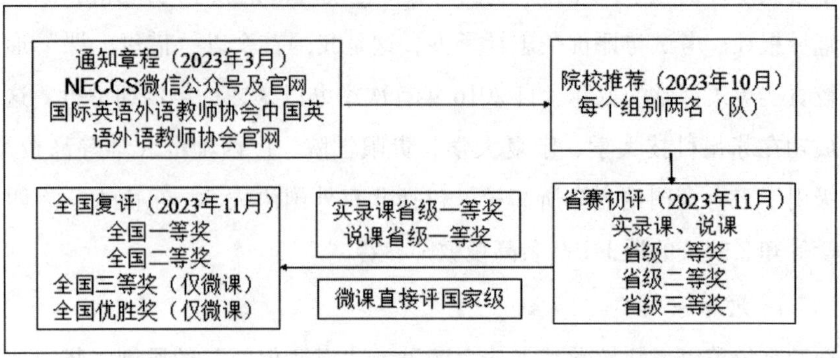

图 1-6　2023 年全国高校英语教师教学基本功大赛时间节点

（五）竞赛组别及要求

与其他类型比赛不同的是，全国高校英语教师教学基本功大赛收取评审费。实录课评审费为900元，微课和说课评审费各为700元。笔者成文时，大赛还未公布具体的评标准，但在参赛形式、时长、录制、资料和提交方式上进行了说明。微课的标准与“外语微课优秀作品征集与交流活动”相差极小，因此本章节仅介绍实录课与说课具体要求。

1. 优秀课例评比 · 实录课

实录课分为大学英语组和专业英语组两个组别。参赛教师可以自主选择授课教材和授课类型，但每位教师只能提交一份参评资料。实录课的要求是一堂完整授课，时长应在 40 分钟至 45 分钟之间。录制要求包括教师和学生同时出现在视频中，板书和 PPT 展示清晰。录制应在学校专业录播室或相对安静的环境中进行，视频格式为 MP4，播放流畅，无杂音，不得加速播放。参评资料包括教学视频、参赛推荐报名表的盖章扫描版、所涉及的教材文本（图片格式）、教案、教学课件 PPT 以及参赛报名表（电子版 Word 文档，此表无需盖章）。参评资料以文件夹形式提交，按格式命名为“大学英语组/专业英语组实录课+省份+姓名”，通过百度网盘分享未经压缩的文件，同时将分享链接和提取码发送至全国组委会的邮箱。

2. 优秀课例评比 · 说课

参赛教师可自主选择说课教材和课程类型，说课时间限制在 10 ~ 15 分钟，每位教师仅允许提交一份参评资料。录制方面的规定包括：教师必须出现在视频中，并强烈建议全程使用英文进行说课。视频的格式必须为 MP4，同时要求视频画面和声音清晰，没有杂音，能够顺畅播放，不得进行倍速播放。视频中的板书和 PPT 展示必须清晰可见。参评资料包括：说课视频、参赛推荐报名表的盖章扫描版、说课所涉及的教材内容或文本（图片格式），教学设计，课件 PPT 以及参赛推荐报名表（电子版 Word 文档，此表无需盖章）。这些资料需要整理成文件夹形式，按照“说课+省份+姓名”的格式命名，通过百度网盘分享未经压缩的文件，同时提供分享链接和提取码，发送至全国组委会的邮箱。

第四节　小　结

教学竞赛对于教师来说具有重要意义。竞赛为教师提供了一个展示才华和教学能力的舞台。通过参与竞赛，教师有机会分享他们掌握的教学方法、创新思维和教育理念，进而促进自身的专业发展。此外，竞赛也为他们提供了一个宝贵的曝光机会，以吸引更多的关注和赞赏，有助于他们树立声誉和专业形象。

此外，竞赛也为教师提供了与其他杰出教师互动合作的机会，促进了教学经验和教学方法的交流与学习。这种互动合作有助于提高教师的教学水平，建立更广泛的教育网络。此外，竞赛还是对教师个人成长的一种激励和动力，鼓励教师通过比赛不断提升自己的技能和知识。同时，在比赛中通过评委和同行的认可和奖励，鞭策他们不断努力，提高自己的教育能力。

高校英语教师可参加的教学比赛很多，可根据学校政策、自己的兴趣特长和时间精力等选择适合的比赛和赛道。需要注意的是，关于教师教学竞赛的具体信息随时可能发生变化，建议有意愿参赛的教师要及时关注官方网站或咨询相关教育部门，以获取最新的比赛信息和参赛要求。

参考文献：

[1] 陆国栋，赵春鱼，颜晖，等．本科院校教师教学竞赛发展现状及模式

创新［J］. 中国高教研究，2019（1）：86-90.

［2］马陆亭 . 以高水平教育研究促高质量事业发展——庆祝中国高等教育学会成立 40 周年［J］. 中国高教研究，2023（9）：17-20.

［3］马武林，何静静 . 优秀外语微课特征分析：以中国外语微课大赛一等奖作品为例［J］. 外语电化教学，2017（2）：22-26.

［4］张五英 . “以赛促学、以赛促教”教学模式在大学英语教学中的应用与实践［J］. 湖北开放职业学院学报，2021，34（19）：164-165.

［5］打造教学创新标杆！山东省 2023 年度高校教师教学创新大赛决赛举行［EB/OL］.（2023-04-17）［2023-10-10］. https：//edu. sdchina. com/show/1659495103582429185. html.

［6］第七届全国高师教学基本功大赛评选工作圆满落幕［EB/OL］.（2022-12-27）［2023-10-10］. http：//www. tefl-china. net/keyanxiangmu/gaoshi/huojiangmingdan/2022-12-27/360. html.

［7］山东教师在第三届全国高校教师教学创新大赛中获佳绩［EB/OL］.（2023-08-23）［2023-10-10］. https：//baijiahao. baidu. com/s? id=1775032012098934817.

［8］颜晖 . 全国高校教师教学竞赛发展现状分析［EB/OL］.（2023-05-12）［2024-12-31］. https：//heec. cahe. edu. cn/zhuanjia/yanjiuyuan/676. html.

第二章

内容选取案例分析

第一节　概　述

教学比赛内容的选取至关重要，因为它直接影响教师在比赛中呈现的教学实力和专业水平。巧妙挑选与课程紧密相关且符合学生学习需求的内容，更有助于实现教学目标，全面展示教师在语言技能培养、评估与反馈等方面的综合素养。合适的比赛内容不仅能凸显教师在语言教学方面的能力，还能通过对实用主题和创新教学方法展现其对教育新趋势的理解与应用。这样的选择不仅能激发学生兴趣，使教学更具吸引力，同时也为评审团提供了深入了解教师个性化教学风格和专业特长的机会。因此，比赛内容的巧妙选定旨在最大程度吸引学生和评委的兴趣和注意力，也能准确反映教师卓越的教学能力。

对于英语教师教学比赛，选择比赛内容或知识点是关键的一步，教师在考虑内容选取时，结合赛制特点，可考虑以下方面。

核心课程要点：选择与所教年级和课程要求直接相关的核心知识点。确保所选内容符合教学大纲，并与学生的实际学习需求相契合。

实用主题：选择实用且与学生生活经验相关的主题。这样可以增加学生的学习兴趣，同时展示教师教学内容的实际应用性。

文化交流：考虑选择与英语国家文化或国际交流相关的主题，以促使学生更好地理解语言背后的文化背景。

创新教学方法：选择能够展示创新教学方法的内容，例如使用小组合作学习、游戏化教学等方法。这有助于凸显教师的创造性和灵活性。

个性化元素：在内容中加入一些能够展示教师个性和独特教学风格的元素。但教师也要注意：要展示教师如何给予学生及时有效的反馈，并帮助他们提高英语水平；时间管理：考虑比赛的时间限制，确保所选内容在规定时间内可以充分展示；学科整合：如果适用，考虑将其他学科元素整合到英语教学中，以促使学生跨学科思考；兴趣引导：选择能够引发学生兴趣的主题，使他们更积极主动地参与学习。

最终，选择比赛内容时要平衡各个方面，或最能体现教师特色，或最符合大赛章程的主题，确保全面展示教师的教学能力和创新思维。

第二节　高校青年教师教学竞赛内容选取

以 2023 年“高校青年教师教学竞赛”为例，内容上要求教师备选 16 个教学节段，一般依托任课教师所授课程，以体现“以赛促教”宗旨。如果参赛课程的课本章节数多于 16 章，教学节段必须在这 16 章中选择，每章选取 1 个，如果正好等于 16 章，则可以在全部章节中进行选择，每章选取 1 个。如果章节数少于 16 章或多于 16 章，那么教学节段的选取范围将覆盖所有章节，总数不超过 16 章。

每个节段的教学时长为 20 分钟，且在选取连续 20 分钟课堂教学内容时，不能将 1 个或多个课时的内容压缩为 1 个节段。在教学时长为 19 至 21 分钟的情况下，不会有扣分；但若超过 21 分钟或少于 19 分钟，每超时 1 分钟或缺少 1 分钟（不足 1 分钟按 1 分钟计），都会导致从第一部分中扣除 0.2 分。在比赛中，若没有学生配合，即进行无生授课。

一、章节较少，知识点为主

教师在进行教学内容选取时，覆盖面较大，如果课时较少或课本章节较少，则聚焦知识点的较多。以山东省第八届“超星杯”高校青年教师教学比赛为例，教师需要提交 20 个教学节段。一等奖获奖选手的课程“经典英文作品欣赏与诵读”教学大纲中基本教学内容共 3 章，此次教学设计的 20 个节段涵盖所有章节，共分析了 9 部经典作品或节选的主要方面，包括分析 The Daffodils（水仙）中人与自然、田园诗歌，莎士比亚最有名的十四行诗第十八首 Sonnet18 中发现生命之美、做美的创造者，My love is like a red red rose（一朵红红的玫瑰）中的心灵美与外在美，真心以待、永葆热情，Stopping by woods on a snowy evening（雪夜林边驻足）中的不忘初心、信守承诺，When you are old（当你老了）中的真情挚爱、爱是坚守，Gettysburg address（葛底斯堡演讲）中展现的奋斗不息、英雄礼赞、坚持信念，I have a dream（我有一个梦想）引申的我的中国梦、坚持梦想，Obama’s speech in Shanghai（奥巴马上海演讲稿）引申的中华崛起，Hamlet（哈姆雷特）中展现的砥砺前行、坚韧不拔、与命运抗争。二等奖获得者的“汉英翻译理论与实践”课程，《汉英翻译理论与实践》一册书共 6 个单元，教学内容分布每个单元，以技巧居多，如翻译的多维视角、译者抉择因素、汉语复句英译、意合与形合、语言语境与翻译、非语言语境与翻译、词义空缺与英译、归化与异化、主语选择与翻译、谓语选择与翻译、语序调整、衔接与连贯、文本类型与翻译、汉英翻译技巧、中文商标英译、中餐菜名英译、中国特色表达英译、公示语英译、旅游文本英译、中文小说英译等。

二、章节较多，主题切入

若课时较多、课本章节多，则以单元主题为切入点。以第七届“超星杯”高校青年教师教学比赛为例，两位来自同一学校、同一学院的一等奖获奖选手，她们的教学课程为“大学英语”，涵盖四个学期，教学内容选自《新视野大学英语》四册教材，20 个节段选自 32 个单元，可选择的内容很多，因此教师均选择可讨论性强，易导入、引人入胜的话题为切入点展开教学，选择内容也多以文章标题展示，如“Heroes among us（身边的英雄）”“Cliff Young，an unlikely hero（克利夫杨一个意想不到的英雄）”“Similarities and differences：Gender variables in friendship：Contradiction or not?（友情中的性别差异：矛盾还是不矛盾?）”“An impressive English lesson（一堂难忘的英语课）”“The humanities，out of date?（人文学科：过时了吗?）”“Journey through the odyssey years（奥德赛岁月之旅）”“College sweethearts（大学情侣）”“Spend or save em dash The students' dilemma（花钱还是存钱——学生进退维谷）”“Women at the management level（女性管理者）”“Animals or children? em dash A scientist's choice（动物仍是孩子?——一位科学家的选择）”“Never，ever give up（永不言弃!）”“Swimming through fear（游越恐惧）”“Audrey Hepburn em dash A true angel in this world（奥黛丽·赫本——人间天使）”“Reflections of a Chinese mother in the West（一位西方华裔母亲的思考）”“The confusing pursuit of beauty（对美丽的追求）”“Being entrepreneurial（成为企业家）”“Achieving sustainable environmentalism（实现可持续性发展的环保主义）”“Speaking Chinese in America（在美国说中文）”“The weight men carry（男人背负的重担）”等。

三、教学设计案例精选

教学节段选取之后，如何围绕知识点设计教学步骤，如何围绕教学话题穿插集中教学知识点，如何创新有逻辑的表达，都需要教师精心打磨设计。

本节段以《新目标大学英语第二版》第一册和第二册为例，教材内容主题涉及：校园生活、友谊爱情、音乐体育、传统文化、商业科技、伟大人物、出国留学、自然风光、交流沟通、创新创造、世界共同体等，可取性较强。下面将提供部分内容设计，展示教学语言组织。

（一）高校青年教师教学竞赛教学设计案例一

表 2-1　案例一 Life at Harvard University

题目	Life at Harvard University		
课程名称	大学英语	所选章节	Book 1Text A Reading
授课对象	计算机科学与技术本科一年级	教学时长	20 分钟
【总体设计】			
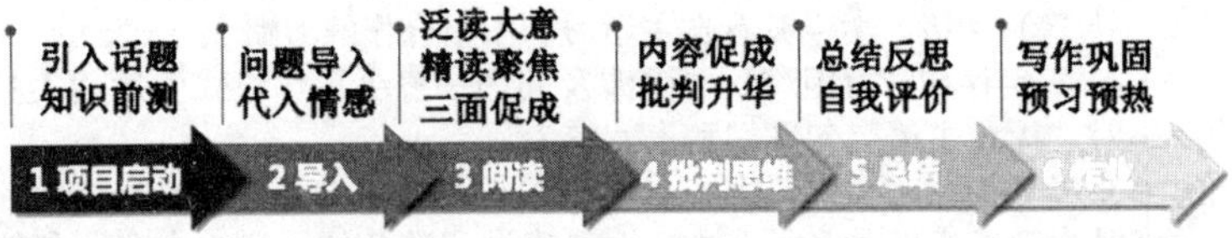			
【课程定位】			
“大学英语”是高等院校所有本科一年级学生的必修课程，它既是一门语言课，又兼具人文性和工具性。它不仅要培养学生扎实的英文基本功，更要提高学生的人文素养，以满足学习工作的需要，满足国家和社会发展的需求			
【教学思想】			
教学思想要随着时代的进步而发展。信息社会，大学英语课堂要紧跟时代发展和学生特点，将学生生活不可分割的手机运用到课堂教学活动中，充分利用信息技术和设备，改进教学方法、凝练教学内容，打造“金课”，切实提高课程教学质量			
【教育理念】			
教师主导，学生主体	本课主张以教师为主导，学生为主体，发挥教师的“脚手架”作用。课前、课中和课后通过任务式、探究式和启发性的活动设计，激发学生兴趣，提高学生自我探索和解决问题的能力		
学用一体	本课英语教学体现了学以致用、用以促学的理念，使学生在应用的过程中发现问题、解决问题		
全人教育	本课不仅启发学生探索知识、深入思考，更以分析大学期间思乡忧郁为切入点，探讨大学里面遇到的一些问题以及解决办法，有助于学生正视问题，积极应对，快乐学习，快乐生活		

续表

<table>
<tr><td colspan="2">【教学目标】</td></tr>
<tr><td>知识目标</td><td>识别大学学习和课后生活的细节描述</td></tr>
<tr><td>能力目标</td><td>运用解决问题模式解决问题；运用“无灵主语”句介绍校园生活</td></tr>
<tr><td>思政目标</td><td>树立崇高理想，树立终身学习理念</td></tr>
<tr><td colspan="2">【教学分析】</td></tr>
<tr><td>学情分析</td><td>1. 学生有自己的认知水平和能力状况。本课授课对象为本科一年级第一学期的学生。他们大多数英语口语仅有高中水平，基础较弱，外语水平处于3~4级。学生没有自主学习和小组合作的习惯
2. 学生存在学习困难。本课涉及问题—解决写作模式的运用表达，尤其对“无灵主语”句掌握和表达较为陌生
3. 学生有学习需求。大一是学生知识积累，准备与外界交流的阶段，也是为未来三年大学生活做好心理建设和准备的阶段。本课不仅能使学生掌握问题—解决写作模式，帮助学生日后交流和运用，也能使学生预测或认识大学期间的问题，能够正确对待，提出解决办法</td></tr>
<tr><td>内容分析</td><td>1. 内容选取
本课内容具有典型性和高阶性。在生活、工作当中的问题层出不穷，问题—解决模式是写作和交流中必不可缺的思维模式，“无灵主语”句是学生比较陌生，运用困难的点。本教学阶段聚焦大学生活学业问题，重点探讨问题产生原因和解决方式，具有很强的典型性。另外利用“无灵主语”锻炼学生表达能力，具有很强的高阶性
2. 教学重难点
本课教学重点在于问题—解决模式的元素的把握和分析
本课教学难点在于运用“无灵主语”句表述困难或解决方式</td></tr>
<tr><td colspan="2">【教学方法】</td></tr>
<tr><td>讲授法</td><td>对于文本重点处理，结合板书讲授，使学生能更直观、有效的理解</td></tr>
<tr><td>讨论法</td><td>小组讨论、头脑风暴、突破难点、互相合作、共同探究</td></tr>
<tr><td>探究法</td><td>创设情境，学生利用所学知识探究在真实场景中怎样进行运用。加深学生理解，帮助学生进行知识迁移</td></tr>
<tr><td colspan="2">【教学手段】</td></tr>
<tr><td colspan="2">本课主要采用线上线下混合模式和多元情境化教学。课下，学生利用教材配套网络资源，U校园App进行自主学习。课上，使用超星学习通App，课堂活动更加高效便捷。另外学生也充分利用有道词典等学习工具进行信息检索</td></tr>
</table>

续表

<table>
<tr><td colspan="4">【课程资源】</td></tr>
<tr><td>参考教材</td><td colspan="3">刘正光，彭珮璐．新目标大学英语系列教材（第二版）：综合教程 1［M］. 上海：上海外语教育出版社，2021：4-31.</td></tr>
<tr><td>教学软件</td><td colspan="3">1. 网络自主学习软件：WE Learn App
2. 课堂教学软件：超星学习通 App、iWrite 写作平台
3. 资源搜索软件：有道词典、百度等</td></tr>
<tr><td colspan="4">【板书设计】</td></tr>
<tr><td colspan="4">Life at Harvard University
Academic Stress
1. Problem: inanimate subject sentence
2. Solution: balanced
3. Evaluation: dilligently, smartly</td></tr>
<tr><td colspan="4">【教学过程】</td></tr>
<tr><td>教学环节</td><td>教师活动</td><td>学生活动</td><td>设计意图</td></tr>
<tr><td>（一）
项目启动
2 分钟</td><td>1. 单元产出项目阐述；
2. 本节段产出子项目阐述</td><td>小组制订计划、任务分工</td><td>驱动：树立单元学习目标，明确完成步骤，激发学习动机</td></tr>
<tr><td>（二）
导入
3 分钟</td><td>1. 教师播放视频让学生理解哈佛学生的一天；
2. 学习通发布投票；
3. 教师提问学生对大学生活的期待，如何解决学习压力；
4. 教师从内容和句型点评学生答案，激发学习动力</td><td>1. 学生观看视频，讨论总结；
2. 学习通投票选出大学期间最难的事；
3. 学生讨论，学习通上传答案，总结回答内容和语言问题</td><td>驱动：引入话题，了解学生目前的知识储备，
找出知识差，激发学生学习动力，有助于进一步教学</td></tr>
</table>

续表

教学环节	教师活动	学生活动	设计意图
（三） 阅读 8分钟	泛读：教师引导学生进行快速阅读，掌握文章结构主旨	学生进行扫读、略读，迅速掌握主旨大意	内容促成：了解大学生活的各个方面及相关表达
	精读： 1. 聚焦文章中的学业生活部分，引导学生找出哈佛学生的学业压力以及解决办法； 2. 教师提供相关细节图片，增加直观感受	学生精读文章，挖掘细节，讨论探究问题以及相应措施之间的联系	结构促成：教师逐步搭建掌握解决问题模式的结构，培养学生直面困难的思维模式以及表达范式
	语言点聚焦： 1. 由课本原句出发，教师引入“无灵主语”句的概念，介绍其基本构成； 2. 教师提供三个句子，引导学生进行翻译。三个句子分别以中国成功发射载人宇宙飞船、南京、典籍经验语录为切入点； 3. 教师评价学生练习结果	1. 学生记录“无灵主语”的主要内容； 2. 完成翻译练习，总结反思	语言促成：通过搭建“脚手架”，促使学生掌握高阶语言点； 内容促成：译句选择，潜移默化增强学生民族自豪感，激发爱国热情，增强学生对传统文化的认同感
（四） 批判性思考 5分钟	1. 教师引导学生利用本节段所学，重新思考学业压力问题以及对大学的期待； 2. 教师点评学生修改后答案； 3. 教师结合国家发展需求以及中国典籍给出合理建议，增强学生的责任感和使命感	1. 学生讨论，重新修订答案； 2. 结合教师建议，制订适合自身实际和国家需求的目标；学习中华优秀传统文化，树立终身学习理念	内容促成： 为完成单元项目进行更高阶的内容“脚手架”搭建；培养学生树立社会责任感以及终身学习理念
（五） 总结反思 1分钟	教师回顾总结本课重难点	学生根据教师所给量表，自测掌握情况	评价： 总结反思

续表

<table>
<tr><th>教学环节</th><th>教师活动</th><th>学生活动</th><th>设计意图</th></tr>
<tr><td>（六）
作业
1 分钟</td><td colspan="2">1. 口语：制作 vlog，完成单元项目初稿；向外国友人介绍我们的大学，发布至学习通；
2. 写作：以如何应对英语学习困难为题，发布至批改网；
3. 探索：查阅资料，了解当代大学生需要具备的核心能力：以清华大学发布的全球化人才需求以及亚太经合组织（OECD）发布的 2030 学习罗盘为参考；
4. 预习：预习下节课内容，并完成 WE Learn 的预习任务</td><td>写作巩固，
预习预热</td></tr>
<tr><td colspan="4">【教学评价】</td></tr>
<tr><td>前测</td><td colspan="3">检测学生现有知识储备，通过课堂提问的方式，检测学生目前对于思乡忧郁这一问题的阐述和解决。从而在本阶段结束之后能更加有条理、内容更丰富，形成鲜明的信息差</td></tr>
<tr><td>课中</td><td colspan="3">1. 教师评价。教师形成性评价贯穿课堂始终。学生个体完成任务，教师及时给予口头点评反馈，使学生及时发现问题、解决问题。学生小组任务，教师口头评价反馈，还会进行课堂教学软件评分反馈
2. 同伴互评。学生讨论结束，由学生评价对方表现，进行互动评价</td></tr>
<tr><td>课后</td><td colspan="3">1. 教师评价。教师评价结合了多方面的数据和记录
一是教师课堂记录，对于回答问题同学的记录与反馈进行小结；
二是来自课堂教学软件（学习通、iWrite）的数据，课堂积分这些数据客观地反映了学生课堂总体参与情况，教师可以利用这些课堂软件积分排名对学生在本课的参与度做整体的评价
2. 学生自评。学生通过软件评分和教师反馈，自行查漏补缺</td></tr>
<tr><td colspan="4">【教学亮点】</td></tr>
<tr><td colspan="4">本教学节段以学习为中心，以文秋芳教授的产出导向法为指导，学生小组合作进行探究式学习，教师在教学过程中起引导作用，在结构、内容、语言等方面搭建“脚手架”，并且让学生学以致用，真正做到以学促教
结构上，教师引导学生了解解决问题模式的主要内容大板块，给出问题、方案、评价；
内容上，教师引导学生客观对待大学生活，平衡学习和课余时间，树立实际的发展目标及终身学习理念；
语言上，升级大学学习生活相关词汇，重点攻克“无灵主语”难点。本教学阶段的亮点是真正做到以学促教，发现学生问题，进行内容、结构和语言的“脚手架”搭建，引导学生逐步解决问题</td></tr>
</table>

（二）高校青年教师教学竞赛教学设计案例二

表 2-2 案例二 Left behind

<table>
<tr><td>题目</td><td colspan="3">Left Behind</td></tr>
<tr><td>课程名称</td><td>大学英语</td><td>所选章节</td><td>Book 1 Unit 2 Text A</td></tr>
<tr><td>授课对象</td><td>计算机科学与技术专业本科一年级</td><td>教学时长</td><td>20 分钟</td></tr>
<tr><td colspan="4">【总体设计】</td></tr>
<tr><td colspan="4">导入驱动 → 视频引入父母话题，新生离家引发共鸣思考 ← 激发学习动机
阅读 → “什么、如何”标题，扫读重点、语义难点 ← 语言、结构促成
练习巩固 → 扫读理解，回忆概述，重难点巩固，学以致用 ← 语言、结构、内容促成
拓展升华 → 总结母爱精华、感恩父母、践行新时代孝义 ← 内容促成
总结评价 → 总结本节段目标达成情况，完成自我测评 ← 内容促成
作业 → 英译汉翻译练习；传统孝义故事探索介绍 ← 巩固练习</td></tr>
<tr><td colspan="4">【课程定位】</td></tr>
<tr><td colspan="4">“大学英语”是高等院校所有本科一年级学生的必修课程，它既是一门语言课，又兼具人文性和工具性。它不仅要培养学生扎实的英文基本功，更要提高学生的人文素养，以满足学习工作的需要，满足国家和社会发展的需求</td></tr>
<tr><td colspan="4">【教学思想】</td></tr>
<tr><td colspan="4">教学思想要随着时代的进步而发展。信息社会，大学英语课堂要紧跟时代发展和学生特点，将学生生活不可分割的手机运用到课堂教学活动中，充分利用信息技术和设备，改进教学方法、凝练教学内容，打造“金课”，切实提高课程教学质量</td></tr>
<tr><td colspan="4">【教育理念】</td></tr>
<tr><td>教师主导，学生主体</td><td colspan="3">本课主张以教师为主导，学生为主体，发挥教师的“脚手架”作用。课前、课中和课后通过任务式、探究式和启发性的活动设计，激发学生兴趣，提高学生自我探索和解决问题的能力</td></tr>
<tr><td>学用一体</td><td colspan="3">本课英语教学体现了学以致用、用以促学的理念，使学生在应用的过程中发现问题、解决问题</td></tr>
<tr><td>全人教育</td><td colspan="3">本课不仅启发学生探索知识、深入思考，更以分析迷信为切入点，鼓励学生树立科学客观的事物观和价值观，树立以马克思主义唯物辩证法为主的科学的价值观</td></tr>
</table>

续表

【教学目标】	
知识目标	运用回忆过去的相关短语，讲述过去的事情
能力目标	扫读文章获得具体信息
思政目标	辩证思考中国传统孝道，弘扬新时代孝义；理解父母之爱，以实际行动感恩父母
【教学分析】	
学情分析	1. 学生有自己的认知水平和能力状况。本课授课对象为本科一年级第一学期的学生。他们大多数英语口语仅有高中水平，基础较弱，外语水平处于3~4级。学生没有自主学习和小组合作的习惯 2. 学生存在学习困难。学生英语基础较弱，虽然有很强的阅读做题技巧，但实际阅读能力较差；所学知识无法迁移到输出表达，因此有必要加强阅读技巧的指导以及口语、翻译等输出性表达 3. 学生有学习需求。大一是知识积累、准备与外界交流的阶段。本节课不仅能使学生掌握并熟练运用阅读技巧进行相关短语的锻炼和表达，帮助学生日后交流和运用，也能使学生树立科学的世界观和价值观
内容分析	1. 内容选取 本课内容具有典型性和高阶性。本课以“遗留”为主线，主要讲述父母在孩子离开家之后的心情，通过寻找孩子在家里遗落的东西，延伸无法忘却的与孩子的回忆，以及无法割舍的对孩子的爱，极具典型性。本课探讨对“遗留”一词的语义进展对学生现有水平来说具高阶性，有助于学生深入理解文章主线和不同语境下对同一词组的不同翻译 2. 教学重难点 本课时教学重点在于掌握扫读的技巧并将其运用到具体写作当中； 本课时教学难点在于理解“left behind”的语义进展，表述父母之爱的精髓以及对当代孝义的理解
【教学方法】	
讲授法	对于文本重点处理，针对学生的讨论结果，结合图片进行总结，使学生更直观、有效地理解
讨论法	结对讨论和小组讨论，探讨问题答案，互相合作，共同探究
探究法	创设具体任务，学生运用所学知识探究在某一场景的运用。加深学生理解，帮助学生进行知识迁移

续表

<table>
<tr><td colspan="2">【教学手段】</td></tr>
<tr><td colspan="2">本课主要采用线上线下混合模式和多元情境化教学。课下，学生利用教材配套网络资源 WE Learn App 进行自主学习。课上，使用超星学习通 App，课堂活动更加高效便捷。另外学生也充分利用有道词典、各种搜索引擎等学习工具进行信息检索</td></tr>
<tr><td colspan="2">【课程资源】</td></tr>
<tr><td>参考教材</td><td>刘正光，彭珮璐．新目标大学英语系列（第二版）：综合教程 1［M］．上海：上海外语教育出版社，2021：34-59.</td></tr>
<tr><td>教学软件</td><td>1. 网络自主学习软件：WE Learn App
2. 课堂教学软件：超星学习通 App、iWrite 写作平台
3. 资源搜索软件：有道词典、百度等</td></tr>
<tr><td>教学文献</td><td>1. 习近平．习近平谈治国理政：第三卷［M］．北京：外文出版社，2020：344.
2. 孔子．孝经：中国伦理第一书［M］．张光明，张光亮，释评．北京：经济日报出版社，2012：2.</td></tr>
<tr><td colspan="2">【板书设计】</td></tr>
<tr><td colspan="2">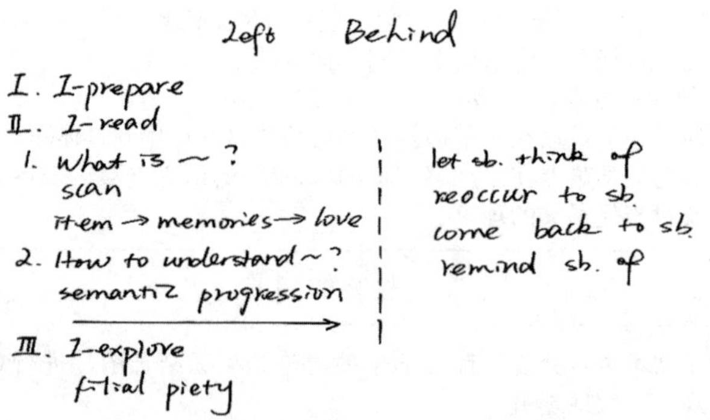
</td></tr>
</table>

续表

【教学过程】			
教学环节	教师活动	学生活动	设计意图
（一） 导入 4 分钟	1. 教师由单元主题引入爱和精力投入巨大的工作，播放视频，并提问：你愿意接受这份工作吗？为什么？你觉得谁会接受这个工作？ 结合学生答案，教师引入父母这一话题 2. 结合学生刚入校情况，教师提问学生问题：你上大学离开父母时感觉如何，他们对你离开的反应如何？	1. 学生观看视频，小组讨论，结合自身回答问题； 2. 学生思考并回答教师问题	驱动： 视频引发悬念，引起学生兴趣；结合自身讨论，激发学习动机
（二） 阅读 10 分钟	Ⅰ. What：什么东西留下（Left Behind）了 1. 教师讲解扫读的含义以及技巧（重点）； 2. 教师引导学生完成以下任务： 任务①：扫读文章中提及的留下来的东西（1~13 段）； 任务②：扫读文章中留下的回忆并完成匹配练习（14~16 段）； 任务③：运用重点短语复述作者提及的回忆； 3. 教师点评学生的答案 Ⅱ. How：如何理解文章所有出现的“Left Behind” 1. 教师引导学生进一步探索课文标题并完成一下任务： 任务④：扫读文章，找出所有含有“Left Behind”的句子； 任务⑤：翻译所有找出句子中“Left Behind”的不同含义； 2. 教师总结该词组的不同含义，在语义上不断进展（semantic progression），贯穿全文，使文章的立意越来越深刻，感情越来越深厚，增加文章的切题度（cohesion）和连贯性（coherence）（难点）	I. What：什么东西留下（Left Behind）了，理解文章标题的实际指代 1. 针对教师所授阅读技巧记录笔记； 2. 学生扫读文章，完成任务①并抢答，为小组赢积分； 3. 学生继续扫读文章，完成任务②，寻找遗留的记忆并抢答，完成比配练习； 4. 学生运用所学短语进行复述，完成任务③，加强口语运用； Ⅱ. How：如何理解文章所有出现的“Left Behind” 1. 学生扫读文章，完成任务④，并抢答； 2. 学生根据所找出的句子翻译短语“Left Behind”的含义，完成任务⑤	语言促成： 了解家中常用物品的词汇；掌握表述回忆的短语 结构促成： 理解记叙文中以某一词汇展开的语义描写手法

续表

教学环节	教师活动	学生活动	设计意图
（三） 练习 2 分钟	1. 闭环回到导入环节：教师引导学生总结文本中父母对孩子离开时的感受； 2. 运用阅读部分所学：扫读所给文本中表达父母之爱的关键词，讨论勾起的父母之爱的回忆	学生小组扫读文本，找出关键词，讨论中西方表达母爱的不同，谈论自己的亲身经历，阐述父母之爱的精华	
（四） 升华 2 分钟	1. 教师播放家庭之爱的视频。鼓励学生，思考如何向父母表达爱并及时表达； 2. 教师由“孝”字引入，启发学生对中国传统“孝道”取其精华，去其糟粕，思考并践行新时代孝文化； 3. 教师补充相关信息，尤其与文章标题有关的“left behind elders”（空巢老人），呼吁学生关注这一社会群体，弘扬新时代孝义	1. 学生思考如何向自己的父母表达爱； 2. 学生头脑风暴有关“孝”的名言古文等，辩证思考中国传统“孝道”，理解并践行社会主义时代对“孝”义的要求	内容促成，思政融入：增强学生对父母之爱，关爱空巢老人
（五） 总结反思 1 分钟	教师回顾总结本课重难点	学生根据教师所给量表，自测掌握情况	评价： 总结反思
（六） 作业 1 分钟	1. 翻译：学生完成有关《傅雷家书》的节选段落翻译。教师提醒学生体会文中父亲的爱以及父亲的嘱托：千万爱护自己； 2. 中华文化传统探索：每小组选择一个体现父母之爱和子女孝义的中国故事，下节课课前介绍； 3. 完成 WE Learn 上预习任务	学生记笔记，记录相关作业及要求	翻译巩固，预习预热

续表

【教学评价】	
课中	1. 教师评价。教师形成性评价贯穿课堂始终。学生个体完成任务，教师及时给予口头点评反馈，使学生及时发现问题、解决问题。学生小组任务，教师口头评价反馈，还会进行课堂教学软件评分反馈 2. 同伴互评。学生讨论结束，由学生评价对方表现，进行互动评价
课后	1. 教师评价。教师评价结合了多方面的数据和记录 一是教师课堂记录，对于回答问题同学的记录与反馈进行小结； 二是来自课堂教学软件（学习通）的数据，课堂积分这些数据客观地反映了学生课堂总体参与情况，教师可以利用这些课堂软件积分排名对学生在本课的参与度做整体的评价 2. 学生自评。学生通过软件评分和教师反馈，自行查漏补缺
【教学亮点】	
本教学节段以全人教育理念为指导，以学习为中心，以文秋芳教授的产出导向法为指导，学生小组合作进行探究式学习，教师在教学过程中起引导作用，在结构、内容、语言等方面搭建“脚手架”，并且让学生学以致用，真正做到以学促教、立德树人 结构上，教师引导学生掌握文章写作脉络，以“left behind”为主线，层层深入； 内容上，教师引导学生理解父母之爱，辩证思考中国传统孝道，勇于表达对自己父母的爱以及关于对留守老人的关爱； 语言上，学生掌握回忆相关的搭配及用法 本教学阶段的亮点是真正做到以学促教，发现学生问题，进行内容、结构和语言的“脚手架”搭建，引导学生逐步解决问题，效果立竿见影，真正立德树人	

本节段展示省级一等奖获奖选手的部分教学设计，该选手以《新世纪高等院校英语专业本科生系列（修订版）：综合教程》为依托，选取话题依托的听说读：Is the Machine Teacher a Good Idea?（机器教师是个好主意吗?）、Understanding Technology（理解技术）。但大部分还是从教材内容拓展，基于易展示的知识点，如 Anecdote（轶事）、Facts and Opinions（事实与观点）、Making Contrasts（进行对比）、Metaphor（隐喻）、Pun（双关语）、Subjunctive Mood（虚拟语气）、

Problem-Analysis-Solution（问题—分析—解决）、Story Mountain（故事山结构）、Biography（传记）、Defining an Abstract Concept（定义抽象概念）、Understanding Technology（理解技术）、Beginning and Ending Your Speech（演讲的开头与结尾）、Using Language Effectively（有效使用语言）、Getting Attention and Interest（引起注意与兴趣）、Audience Analysis（听众分析）、Using Gestures（使用手势）、Ethos in Persuasion（说服中的道德诉求）、Claim-counterclaim Pattern（论点与反驳模式）。

（三）高校青年教师教学竞赛教学设计案例三

表 2-3　案例三 Pun

<table>
<tr><td>节段</td><td colspan="2">Unit 4　Text Ⅰ　My Forever Valentine
第一节　Pun</td><td>授课时长</td><td>1 学时</td></tr>
<tr><td>课程名称</td><td>基础英语（2-1）</td><td>授课对象</td><td colspan="2">英语专业大一学生</td></tr>
<tr><td>学情分析</td><td colspan="4">1. 教学对象
本科层次英语专业一年级学生
2. 认知水平与能力分析
（1）学习动机与学习需求较为明确，但作为一年级新生，学生的语言综合应用能力相对较弱，在英文阅读策略、写作的谋篇、听力口语技巧方面均较为薄弱
（2）应试思维较重，人文素养有待提高
（3）判断与论证缺少深度，思辨能力有待提高
（4）自主学习能力不足
3. 学习本课可能遇到的困难和问题
（1）知识层面：学生英语阅读与写作能力相对较弱，因此需要教师提供合适的支架辅助教学，帮助学生获得知识的同时深层次习得技能
（2）思辨能力层面：学生对社会现象的分析解释多停留在对表象的描述，仍缺乏深入探索、自主思辨的意识；学生运用普遍思维标准进行评价的能力有待加强；同时，难以从多角度全面看待事物
（3）人文素养层面：学生过于重视具体语言知识点的吸收，而忽略了人文素养的提升；对于课文主题的理解仅限于文本提供的信息，忽略了背景知识与拓展知识，也难以将所学与自身学习、生活、实践联系在一起，因此需要教师加强人文主题拓展与引导，创设相关话题语境激发学生参与热情</td></tr>
</table>

续表

<table>
<tr><td colspan="2">节段</td><td>Unit 4　Text Ⅰ　My Forever Valentine
第一节　Pun</td><td>授课时长</td><td>1 学时</td></tr>
<tr><td colspan="2">教学思路与课程思政</td><td colspan="3">1. 教学思路
本单元主题为父母与亲情，本授课节段为单元阅读与写作训练环节，主要语言点为在写作中使用双关（pun）来表达父母在个人成长中的重要作用。单元话题贴近学生日常生活，易引发共鸣与思考，但学生痛点在于：（1）虽然熟悉该话题，却难以用英语表述；（2）不知该如何将话题和课本知识应用于真实生活和时代主题中
针对以上痛点，课堂整体采用学界认可度较高的中国本土外语教学方法——产出导向法（POA，Production-Oriented Approach）。遵循“两性一度”标准，倾力打造“金课”。教学环节中，教师创设真实语用情境下的交际任务，激发学习兴趣，实现驱动（Motivating），解决学用分离的问题；继而引导学生自主学习，在做中习得语言与能力支架，完成促成（Enabling）；在学生使用所学知识完成语言任务后，师生合作对产出成果进行评价（Assessing）。同时，全程灵活融入思政案例与观点，兼顾工具性与思想性
2. 课程思政（长期）
（1）提升综合语言运用能力，理解当代中国，讲好中国故事；
（2）增强思辨能力，从多角度全面看待事物，合理施策、建议、反思与解决问题，通过语言活动实现社会贡献与人格塑造
3. 课程思政（本节）
（1）能够正确认识家庭文化对个人成长起到的重要作用，注重人文关怀，建立更为和谐的家庭关系；
（2）关注父母的付出，主动向家人表达感激之情，主动承担家庭责任</td></tr>
<tr><td colspan="2">语言产出任务、教学目标</td><td colspan="3">1. 本节段语言产出任务
为庆祝母亲节的到来，我校学生会举办了一次针对本地学生和留学生的分享会。每一位参加的嘉宾都要挑选一份送给妈妈的特别礼物，且需阐释这份礼物与母亲有何关系。请就此完成题为 A Special Gift for You，Mom 的发言讲稿写作
2. 知识目标
（1）了解双关（pun）的定义及作用；
（2）掌握双关的两种不同分类
3. 能力目标
（1）思辨能力目标
能够运用恰当的语言，通过使用双关来论证自己的观点，阐释父母对自己的影响，表达自己的感恩之情
（2）跨文化能力目标
介绍中国古代哲学中关于“家”的重要思想及对于现代社会发展的启示意义，增强对中国文化的认同感和自豪感，进一步树立文化自信
4. 价值目标
正确认识家庭关爱与个人成长之间的密切关系，注重人文关怀，建立更为和谐的家庭关系，主动承担家庭责任</td></tr>
</table>

续表

<table>
<tr><td colspan="2">节段</td><td>Unit 4 Text Ⅰ My Forever Valentine
第一节 Pun</td><td>授课时长</td><td>1 学时</td></tr>
<tr><td>教学内容</td><td colspan="4">教学内容及重点、难点
（1）双关（pun）的定义及作用（重点★）
（2）双关的分类（重点★、难点★）
（3）家庭与个人成长之间的辩证关系（重点★、难点★、思政点★）</td></tr>
<tr><td colspan="5">教学方法：产出导向法（Production-Orlented Approach）
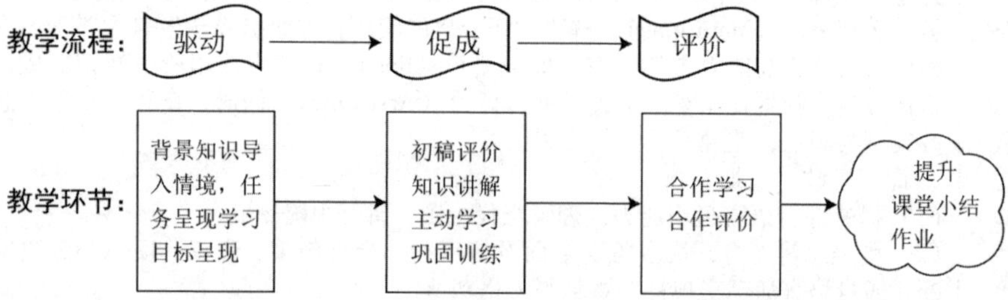
教学工具：学习通在线教学平台、iWrite 外语写作学习平台、黑板、多媒体
教学安排：见附表 1“课堂教学设计”</td></tr>
<tr><td>教学资源</td><td colspan="4">1. 线下教学资源
主要教材
何兆熊．综合教程（学生用书）（第 3 版增强版）［M］. 上海：上海外语教育出版社，2020.
参考资料
孙有中．理解当代中国：读写教程［M］. 北京：外语教学与研究出版社，2022.
2. 线上教学资源
超星学习通“基础英语”在线课程
外语教学与研究出版社的 iWrite 学习平台、综合教程在线学习平台；新华社学习强国文章《习近平：涵养新时代好家风》
视频《中国人的家文化》
（https：//www. bilibili. com/video/BV1zs411s7nh/？spm_id_from=333. 337. search-card. all. click）</td></tr>
</table>

续表

节段	Unit 4 Text Ⅰ My Forever Valentine 第一节 Pun	授课时长	1学时
作业及预习	1. 巩固性作业 针对自我学习情况，更新学习档案，自评打分（学习通平台） 将双关运用到演讲稿中，完成二稿并上传（iWrite 外语写作学习平台） 2. 拓展训练与材料 阅读新华社学习强国文章《习近平：涵养新时代好家风》、观看视频《中国人的家文化》并完成线上讨论题：你家的家风是什么？如何更好地传承家文化？（其他与本课程相关的视听说资料、网站资源等通过学习通学习平台分享。） 3. 预习 预习 Unit 4 Text Ⅱ，完成背景知识及词汇诊断性评价（学习通平台）		
教学评价	基于多元评价理念，课堂教学评价采取诊断性、形成性相结合的评价方式 1. 课前诊断性评价（线上） 课前测试，重点评价学生对语言知识和单元话题的掌握情况，发现学生存在的问题并给予针对性指导，不纳入课堂教学评价分数 2. 课中形成性评价（线上+线下） 线上评价为考勤、作业及线上测验等，旨在检验学生的学习态度和自主学习成效；测验则包括思辨性听说和语言知识的检测，重点评价思辨能力发展状况与语言知识的输出能力水平；线下评价为课堂发言、小组任务、整理学习档案（Portfolio）等，其中课堂表现及小组任务重点评价学生的产出质量、综合语言运用能力、跨文化能力和团队合作精神；整理学习档案，重点评价学生的自主学习能力。评价分数体系中，教师评价、自我评价与同伴评价各占 50%、30%和 20%		
教学反思	本授课节段采用产出导向法实现设定的多维教学目标，特点在于尊重学生的主体地位。通过驱动—促成—评价三步走的教学过程，引导学生主动发掘问题（写作任务无法完成）、主动寻找方法（双关）、主动尝试完成任务（运用双关合作学习、二次尝试）、主动评价学习效果（合作评价）。在完成语言任务（演讲稿撰写）的同时，对于社会现象（家庭与成长）有更深层次的体悟 诚然，本教学设计仍有不足，主要体现为面对较难的知识点，教师如何“一举多得”。如本课中，双关案例的选择虽紧贴思政考量，但部分仍与亲情主题无关，仍需教师主动提升扩大自己的知识面，使教学过程更顺畅合理		

附表 1　课堂教学设计

教学流程	教学环节与教师行为	学生行为
驱动	1. 背景知识导入“思政伏笔” 向学生展示一幅图片，讲述自身故事：妈妈收到“最好的礼物”是一张手做的贺卡 请学生观察图片并提问：你送过妈妈礼物吗？ 什么是送给妈妈最好的礼物？ 2. 情境、语言任务、学习目标呈现 情境：为庆祝母亲节的到来，我校学生会举办了一次针对本地学生和留学生的分享会。每一位参加的嘉宾都要挑选一份送给妈妈的特别礼物，且需阐释这份礼物与母亲有何关系 语言任务：你的题目是 A Special Gift for You，Mom，请就此完成演讲稿写作。呈现本课学习目标	学生行为：参与课堂问答，尝试完成情境中的语言任务，并思考如何向家人表达爱意
促成	3. 初稿点评 教师简要点评第一个分产出任务（演讲稿初稿），并指出学生在初稿写作中存在的主要问题，提出本节课的教学内容“如何运用双关来阐释自己的观点” 4. 主动学习：双关的定义 教师简要分析课文后，请学生结合课文文本和题目中的 Valentine 一词，探究其意义。经过思考，发现其具有双重含义——情人和贺卡，这便是双关	学生行为：积极参与课堂活动，掌握双关定义、作用及两种分类；同时，继续思考家庭文化对个人成长的深远影响
促成	5. 知识讲解：双关的分类“思政点” 教师讲解双关的定义及两类分类：同音双关（homophonic pun）和同形双关（homographic pun）。在讲解各类双关时，主要通过案例让学生理解该类双关的特征，讲解后再配以练习巩固（含中国古诗词中的“情”“晴”二字与习近平主席使用双关对深圳城市发展寄语）；并引导学生逐步感受双关语在文字与口头表达中所起到的重要作用	
评价	6. 合作学习：任务产出 教师布置课堂口语产出任务：结合初稿中一个分论点，运用双关进行阐述。学生思考并准备口语任务 学生以小组为单位进行口语交流，根据评价表进行组内评价，选出表现最好的一位同学代表小组发言 7. 合作评价 教师对第一位发言者进行点评示范，学生对其他小组代表的发言进行点评，并在线上平台进行打分	学生行为：小组合作完成口语任务，对展示组的汇报进行评价、打分

续表

教学流程	教学环节与教师行为	学生行为
总结反思、赋能升华	8. 赋能升华“思政点” 教师介绍中国古代哲学中关于“家”的重要思想及对于现代社会发展的启示意义，展示关于家庭情感的优秀双关案例，再次点出本单元的主旨：我们应主动承担家庭责任，主动表达爱意，弘扬优秀家风 9. 作业布置 针对自我学习情况，更新学习档案，自评打分（学习通平台） 将双关运用到演讲稿中，完成二稿并上传（iWrite 外语写作学习平台） 阅读文章《习近平：涵养新时代好家风》、观看视频《中国人的家文化》并完成线上讨论题：如何更好地传承家文化？ 预习 Unit 4 Text Ⅱ，完成背景知识及词汇诊断性评价（学习通平台）	学生行为：积极思考配合问答，进一步树立感恩意识与文化自信；完成本课堂学习自我评价表，记录作业，课后完成作业

（四）高校青年教师教学竞赛教学设计案例四

表 2-4 案例四 Getting Attention and Interest

节段	Unit 7 Text Ⅰ Letter to a B Student 第三节 Getting Attention and Interest		授课时长	1 学时
课程名称	基础英语（2-1）	授课对象	英语专业大一学生	
学情分析	1. 教学对象 本科层次英语专业一年级学生 2. 认知水平与能力分析 （1）学习动机与学习需求较为明确，但作为一年级新生，学生的语言综合应用能力相对较弱，在英文阅读策略、写作的谋篇、听力口语技巧方面均较为薄弱 （2）应试思维较重，人文素养有待提高 （3）判断与论证缺少深度，思辨能力有待提高 （4）自主学习能力不足 3. 学习本课可能遇到的困难和问题 （1）知识层面：学生英语阅读与写作能力相对较弱，因此需要教师提供合适的支架辅助教学，帮助学生获得知识的同时深层次习得技能 （2）思辨能力层面：学生对社会现象的分析解释多停留在对表象的描述，仍缺乏深入探索、自主思辨的意识；学生运用普遍思维标准进行评价的能力有待加强；同时，难以从多角度全面看待事物 （3）人文素养层面：学生过于重视具体语言知识点的吸收，而忽略了人文素养的提升；对于课文主题的理解仅限于文本提供的信息，忽略了背景知识与拓展知识，也难以将所学与自身学习、生活、实践联系在一起，因此需要教师加强人文主题拓展与引导，创设相关话题语境激发学生参与热情			

续表

<table>
<tr><td>节段</td><td>Unit 7 Text Ⅰ Letter to a B Student
第三节 Getting Attention and Interest</td><td>授课时长</td><td>1 学时</td></tr>
<tr><td>教学思路课程思政</td><td colspan="3">1. 教学思路
本单元主题为成绩与成就，本授课节段为单元口语与表达训练环节，主要语言点为在公众演讲活动中，使用不同类型的策略方法吸引听众注意与兴趣。话题贴近学生日常生活，易引发共鸣与思考，但学生痛点在于：（1）虽然熟悉该话题，却难以用英语表述；（2）不知该如何将话题和课本知识应用于真实生活和时代主题中
针对以上痛点，课堂整体采用学界认可度较高的中国本土外语教学方法——产出导向法（POA，Production-Oriented Approach）。遵循“两性一度”标准，倾力打造“金课”。教学环节中，教师创设真实语用情境下的交际任务，激发学习兴趣，实现驱动（Motivating），解决学用分离的问题；继而引导学生自主学习，在做中习得语言与能力支架，完成促成（Enabling）；在学生使用所学知识完成语言任务后，师生合作对产出成果进行评价（Assessing）。同时，全程灵活融入思政案例与观点，兼顾工具性与思想性</td></tr>
<tr><td>教学思路课程思政</td><td colspan="3">2. 课程思政（长期）
（1）提升综合语言运用能力，理解当代中国，讲好中国故事；
（2）增强思辨能力，从多角度全面看待事物，合理施策、建议、反思与解决问题，通过语言活动实现社会贡献与人格塑造
3. 课程思政（本节）
（1）弘扬精益求精的工匠精神，激励广大青年走技能成才、技能报国之路；
（2）职业教育是现代国民教育体系的重要组成部分，在实施科教兴国战略和人才强国战略中具有特殊的重要地位</td></tr>
<tr><td>语言产出任务、教学目标</td><td colspan="3">1. 本节段语言产出任务
你受邀在一个教育主题的国际对话工作坊上进行五分钟的主题演讲，向听众介绍中国的职业教育体系改革，强调职业教育的必要性与重要性。请就此背景完成题为 Vocational Education: What does It Mean to Us? 的演讲稿写作
2. 知识目标
（1）掌握英语公众演讲活动中吸引观众注意力和兴趣的主要方法；
（2）理解公众演讲活动中“以听众为中心”的主要原则
3. 能力目标
（1）思辨能力目标
能够运用恰当的语言，在公众演讲活动中使用不同的策略和方法，吸引观众注意力，成功表达不受欢迎的非主流观点（unfavorable ideas）
（2）跨文化能力目标
介绍我国职业教育改革进程及其对现代社会进步的突出贡献，讲好中国故事，增强对中国教育制度的认同感和自豪感，进一步树立制度和文化自信
4. 价值目标
弘扬精益求精的工匠精神，走技能成才、技能报国之路</td></tr>
</table>

续表

<table>
<tr><td>节段</td><td>Unit 7 Text Ⅰ Letter to a B Student
第三节 Getting Attention and Interest</td><td>授课时长</td><td>1 学时</td></tr>
<tr><td>教学内容</td><td colspan="3">教学内容及重点、难点
(1) 英语公众演讲活动中，“不受欢迎的非主流观点”的定义与基本内容（重点★）
(2) 英语公众演讲活动中吸引观众注意力和兴趣的主要方法（重点★、难点★）（重点★、难点★）
(3) 职业教育、工匠精神对国家社会发展的重要性与必要性（重点★、难点★、思政点★）</td></tr>
<tr><td colspan="4">教学方法：产出导向法（Production-Orlented Approach）
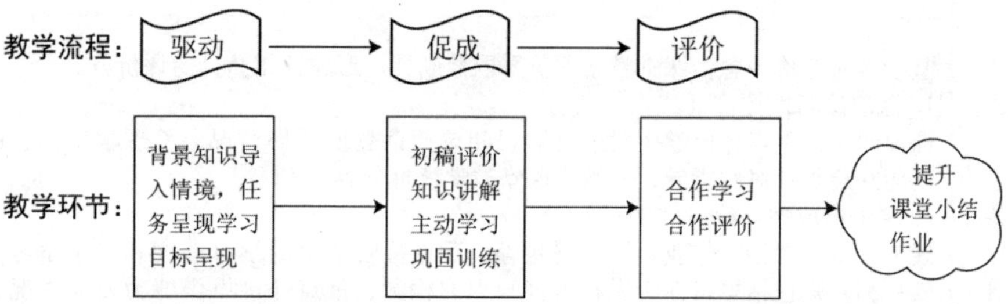

教学工具：学习通在线教学平台、黑板、多媒体
教学安排：见附表 2“课堂教学设计”</td></tr>
<tr><td>教学资源</td><td colspan="3">1. 线下教学资源
主要教材
何兆熊．综合教程（学生用书）（第 3 版增强版）[M]. 上海：上海外语教育出版社，2020.
参考资料
孙有中．理解当代中国：读写教程 [M]. 北京：外语教学与研究出版社，2022.
2. 线上教学资源
超星学习通、基础英语在线课程
新华社学习强国文章《从“大有可为”到“大有作为”——新时代中国职业教育高质量发展综述》
专题纪录片《大国工匠》第一季
(https://www.bilibili.com/video/BV1F34y1q7KD/?spm_id_from=333.337.search-card.all.click)</td></tr>
</table>

续表

<table>
<tr><td colspan="2">节段</td><td>Unit 7　Text Ⅰ　Letter to a B Student
第三节　Getting Attention and Interest</td><td>授课时长</td><td>1 学时</td></tr>
<tr><td>作业及预习</td><td colspan="4">1. 巩固性作业
针对自我学习情况，更新学习档案，自评打分（学习通平台）。完成新一版演讲视频录制（超星学习通平台）
2. 拓展训练与材料
阅读学习强国文章《从“大有可为”到“大有作为”——新时代中国职业教育高质量发展综述》、观看纪录片《大国工匠》并完成线上讨论题：在校园生活中如何弘扬工匠精神，走技能报国之路？（其他与本课程相关的视听说资料、网站资源等通过学习通学习平台分享。）
3. 预习
预习 Unit 7　Text Ⅱ，完成背景知识及词汇诊断性评价（学习通平台）</td></tr>
<tr><td>教学评价</td><td colspan="4">基于多元评价理念，课堂教学评价采取诊断性、形成性相结合的评价方式
1. 课前诊断性评价（线上）
课前测试，重点评价学生对语言知识和单元话题的掌握情况，发现学生存在的问题并给予针对性指导，不纳入课堂教学评价分数
2. 课中形成性评价（线上+线下）
线上评价为考勤、作业及线上测验等，旨在检验学生的学习态度和自主学习成效；测验则包括思辨性听说和语言知识的检测，重点评价思辨能力发展状况与语言知识的输出能力水平；线下评价为课堂发言、小组任务、整理学习档案（Portfolio）等，其中课堂表现及小组任务重点评价学生的产出质量、综合语言运用能力、跨文化能力和团队合作精神；整理学习档案，重点评价学生的自主学习能力。评价分数体系中，教师评价、自我评价与同伴评价各占 50%、30%和 20%</td></tr>
<tr><td>教学反思</td><td colspan="4">本授课节段采用产出导向法实现设定的多维教学目标，特点在于尊重学生的主体地位。通过驱动—促成—评价三步走的教学过程，引导学生主动发掘问题（演讲任务效果不佳）、主动寻找方法（吸引观众注意与兴趣）、主动尝试完成任务（运用合适的方法吸引听众注意与兴趣、二次尝试）、主动评价学习效果（合作评价）。在完成语言任务（演讲录制）的同时，对于社会现象（中国职业教育改革）有更深层次的体悟
诚然，本教学设计仍有不足，主要体现为，囿于教学时间的限制，本节作为以口语输出为主的演讲课使用的案例视频材料较少，文本解读过多。在教学中应注意肢体语言指导和真实演讲场景视频的补充</td></tr>
</table>

附表 2 课堂教学设计

教学流程	教学环节与教师行为	学生行为
驱动	1. 背景知识导入“思政伏笔” 展示两张图片。图片中的人们挥舞国旗入场，又身披国旗领奖 提问：这些人并非参加大型运动盛会的运动员，却依然是一支精良的国家队，他们是谁？ 展示图片，简要介绍世界技能大赛中国代表队的辉煌成就，并指出，从文化学业成绩来看，他们是很多人眼中的 B Students 甚至 C Students，却在接受了职业教育后，成为技能卓越优异、为国争光的精英选手	学生行为： 参与课堂问答，尝试完成情境中的语言任务；开始思考中国职业教育发展进程与其作用
驱动	提问：当今社会，“万般皆下品惟有读书高”的言论仍占据主流地位，但职业教育却保持着强劲的发展态势，你如何看待中国的职业教育改革与发展？	
驱动	2. 情境、语言任务、学习目标呈现 情境：你受邀在一个教育主题的国际对话工作坊上进行五分钟的主题演讲，你需要向听众介绍中国的职业教育体系改革，强调职业教育的必要性与重要性 语言任务：请就此背景完成题为 *Vocational Education: What does It Mean to Us?* 的演讲稿写作 呈现本课学习目标 3. 初稿点评 教师简要点评第一个产出任务（演讲视频第一版），并指出学生在第一版视频中存在的主要问题（缺乏逻辑），引导学生思考如何解决这一问题 4. 主动学习“思政伏笔” 引导学生自评，经过思考分析，得出一次尝试失败的原因：演讲中阐述的主要观点并非传统意义上的主流观点，且没有以听众为中心去吸引他们的注意力和兴趣 5. 知识讲解：传记文本的写作方法“思政点” 在公众演讲活动中有效吸引听众注意力和兴趣的方法手段：引发听众好奇心、将主题与听众相连、呈现论点重要性：在讲解时，主要通过案例对比，引导学生逐步感受吸引观众注意力的策略，且配以与产出话题相关的巩固训练（主题分别为中国象棋、制瓷工艺及职业教育毕业生薪资）	学生行为： 积极参与课堂活动，掌握公众演讲活动中有效吸引听众注意力和兴趣的方法手段；同时，思考职业教育在保护传统文化和弘扬工匠精神方面所起到的作用

续表

教学流程	教学环节与教师行为	学生行为
评价	6. 合作学习：任务产出 教师布置课堂口语产出任务：结合第一版视频中的主要内容，运用合适的策略吸引观众的注意课堂上初步阐述观点，学生思考并准备口语任务 学生以小组为单位进行口语交流，根据评价表进行组内评价，选出表现最好的一位同学代表小组发言 7. 合作评价 教师对第一位发言者进行点评示范，其他学生对其他小组代表的发言进行点评，并在线上平台进行打分	学生行为： 小组合作完成口语任务，对展示组的汇报进行评价、打分
总结反思、赋能升华	8. 赋能升华“思政点” 教师介绍点评提升，引导学生思考：当下中国社会的职业教育与哪些时代精神相匹配？ 引用习近平总书记对我国选手在世界技能大赛获奖做出的重要指示：“要在全社会弘扬精益求精的工匠精神，激励广大青年走技能成才、技能报国之路。”① 引导学生弘扬工匠精神与榜样力量，不断追求卓越 9. 作业布置 针对自我学习情况，更新学习档案，自评打分（学习通平台）； 完成新一版演讲视频录制（超星学习通平台） 阅读学习强国文章《从“大有可为”到“大有作为”——新时代中国职业教育高质量发展综述》、观看纪录片《大国工匠》并完成线上讨论题：在校园生活中如何弘扬工匠精神，走技能报国之路？ 预习 Unit 7　Text Ⅱ，完成背景知识及词汇诊断性评价（学习通平台）	学生行为： 积极思考配合问答，增强对职业教育、技能报国和工匠精神的认同感和自豪感，进一步树立制度自信和文化自信； 完成本课堂学习自我评价表，记录作业，课后完成作业

青教赛教学内容需要准备的比较多，需要老师们平时加强理论学习，积累较好的教学素材，认真备课，在教材基础上为学生提供鲜活有趣、紧跟时事的素材，创新教学方法，在实践中总结教学效果，总结学生反馈，并不断改进。这样，比赛方能事半功倍，比赛与实际教学方能相得益彰。

① 习近平对我选手在世赛取佳绩作重要指示［EB/OL］. 半月谈，2019-09-24.［2025-02-26］. http://www.banyuetan.org/yw/detail/20190924/10002000331374415692860807068 82830_1.html.

第三节　“外教社杯”全国高校外语教学大赛内容选取

“外教社杯”全国高校外语教学大赛赛制较长，历经校级选拔、复赛、分区决赛、全国决赛以及全国总决赛。校级选拔及复赛可由选手自己选择教学内容进行综述以及模拟课堂教学，其余由主办方于赛前 30 分钟发放指定材料进行说课。因此，不同阶段的内容选择和准备方式不同，选手应精心选择教学内容，提升基本功，打磨说课模板，确保顺利晋级。

一、复赛内容选择

“外教社杯”全国高校外语教学大赛的复赛阶段，参赛选手可以自行选择教学内容，虽然通知没有明确规定依托教材，但选手一般选择上海外语教育出版社，即“外教社”出版并在实际教学使用的教材内容。教学时长 17~20 分钟，因此，教学内容要有聚焦，能够让学生在很短的时间内掌握并运用一个高阶知识点，体现“学习中心”“学生中心”，是能够取胜的关键。另外，此环节为“有生课堂”，由于是陌生学生，对学生的学习特点和基础不是很了解，因此，教学内容选择时，应尽量增强趣味性，活动的设置既不能太简单无法体现高阶性，又不能太难，否则学生思考太长时间耽误比赛时长或回答不上问题，导致比赛冷场。

以参赛选手 W 教师为例，该教师以《新目标大学英语第二版》第二册第二单元为教学内容，主题为“成功企业家：A 等学生还是 B 等学生?”，聚焦知识点“对比比较”。

复赛阶段需提交课程说明，内容包括主题、选题原因、单选产出、情景、重难点、展示阶段教学设计，该说明格式不限，不计入总分。具体如下。

Unit 2 Gaining a Foothold in the Business World

Text A Successful Entrepreneurs, A-Students or B-Students?

I. Teaching Content

1. Unit

(1) Theme: Gaining a foothold in a business world

(2) Reason for Selection: Great emphases on innovation and entrepreneurship from central and local government and universities

(3) Unit production: Writing-From zero-sum game to a win-win situation

Scenario: 27th "21st Century Cup" National English Competition

2. Demo Text A

(1) Key point: To understanding comparison and contrast

(2) Difficult point: Critical thinking —To distinguish patriotic entrepreneurs and ordinary businessmen

(3) Text Structure:

Part I Paras. 1-2 I would be a B-student whether going to Harvard or the community college.

Part II Paras. 3-6 B-students know something about a lot of things and have the potential to become entrepreneurs in the future, while A-students know a lot about one thing and are more fit for future managers.

Part III Paras. 7-9 B-student entrepreneurs and A-student managers need each other, and there are exceptions to the A-student/B-student rule.

Part IV Para. 10 Only when B-student entrepreneurs and A-student managers work together under certain rules are they able to be more productive.

II. Demo Design (Ss=students)

Rationale: Production-oriented Approach (POA); Bloom's taxonomy

Function of this demo for unit production:

Comparison and contrast as a skill to analyze zero-sum game and win-win situation;

Examples of successful entrepreneurs as evidence of win-win situation

表 2-5 Feaching desin

Procedure	Time (mins)	Teacher activities	Students activities	Purposes	POA phase
1. Lead-in	2	Initiate exercise ①: Ask Who are entrepreneur idols?	Brainstorm and illustrate	Arouse curiosity; Explore gaps	Motivation
2. Detailed Reading	5	1. Initiate exercise②: Ask questions for what is contrasted; Remark 2. Initiate exercise③: Instruct Ss to categorize; Assess 3. Initiate exercise④: Lead Ss to fill-in the blanks; Check answers; 4. Initiate exercise⑤: Inspire Ss to relate key words to real life	1. Identify the subject while scanning para. 1-2 2. Work in pairs; Identify and categorize with the information in para. 3-4 3. Select useful information in para. 5-6 4. Demonstrate understanding of key words	Understand what and how to compare and contrast; Understand lateral and linear thinking	Motivation; Enabling; Teacher's immediate assessment
3. Critical Thinking	5	1. Initiate exercise⑥: Explain three steps; Instruct group discussion; 2. Initiate Ex. ⑦: Encourage high-order thinking	1. Work in groups; Compare and contrast 2. Relate content to themselves; Synthesize all information learned	Apply the skill to compare and contrast; Understand win-win situation	
4. Reflection	3	Initiate exercise ⑧: Arouse reflection	Translate	Internalize entrepreneurship	

续表

Procedure	Time (mins)	Teacher activities	Students activities	Purposes	POA phase
5. Self-Assessment	0. 5	Illustrate items	Self-assess	Assess for further remedy	Assessment
6. Assignment	0. 5	List requirements	Submit oral introductions to Xuexitong	Consolidate	Assessment

正式比赛，内容包括 3 分钟左右教学综述，以及 17 分钟左右模拟课堂教学。这一部分 3 分钟的教学综述类似于一个简短的说课，有一定的步骤，W 教师为避免临场发挥出错或超时，提前写好逐字稿并背诵。

Distinguished judges, ladies and gentlemen, Good afternoon,

I'm honored to share some insights of college English.

First, please allow me to brief you on the overall design of the unit.

(1. Unit content)

Selected from new target English, This unit centers on different characters gaining their foot in the business world, with entrepreneurs as its focus.

Because great emphasis has been placed by both the central and local governments.

Comparison and contrast are the focus of this unit, because Reading, vocabulary and structure, Rhetorical Device and writing modules are all involved with it.

(2. Unit Objectives)

After learning this unit, Ss are expected to achieve these high-level teaching objectives.

For language, Ss are expected to identify synonyms or antonyms, and antithesis, evaluate differences and similarities of entrepreneurs.

For skill, they are expected to use skimming and scanning to generalize ideas of texts; compare and contrast subjects in conversations and writing in order to make better judgement.

For morality, they are expected to evaluate one's traits objectively and internalize entrepreneurship and craftsmanship as their career guidelines,

(3. Rationale)

How to achieve unit objectives? (methodology)

We turn to POA as our methodology. Because we believe English classes should be learning-centered, Learning-using Integrated and follow the principle of Whole-person Education.

And at the same time, cultivate high-level competency.

(4. Procedures)

With these guidance, we begin our teaching procedure with the unit production, writing a passage with the topic from zero-sum game to a win-win situation.

(Motivating) This topic is from The 27th China Daily National college English Speaking Competition.

Ss tried to write, but as you can see from this sample, they didn't distinguish the subjects and lack supportive evidence.

(Enabling) Therefore, the knowledge and skills in this unit may help and inspire. After learning Text A, they will reconstruct their draft with the skill to compare and contrast. When they understand the power of story, they will polish again their writing with anecdote.

(Assessing)

We adopt teacher-student collaborative assessment during the whole procedure. Teacher also conducts remedy teaching with antithesis and other necessary skills.

The whole unit covers 3 sessions, the demo is from the second period of session 1, that is Text A, enabling stage.

同时，课堂模拟环节也大致写了一下稿，并且预期了学生思考问题的时间。

Then, let's begin our demo.

Good afternoon, ladies and gentlemen.

(1. Objectives)

Through this demo, I hope you can achieve these teaching objectives.

The language, skill and morality objectives are involved with comparison and contrast and entrepreneurs.

(2. Lead-in)

Let's begin with your idols. Which entrepreneurs do you admire most in the past or now? Why?

30 秒

Let's see the author's understanding of entrepreneurs through detailed reading.

3. Detailed reading

What

The author, Bo Peabody, is a successful entrepreneur. What is his answer to the title? Please scan the first two paragraphs and find out the answer. The two paragraphs are very short, I believe you can get it quickly.

Have you got the answer? A-students or B-students? Yes, B-students. He B-students are potential entrepreneurs.

How about A-students? Please find it out in para. 8, the first sentence. A-students are? Yes, managers. Here he uses the expressions B-students entrepreneurs, A-students managers.

In order to elaborate more clearly, he makes comparison and contrast between B-students entrepreneurs and A-students managers, and they are the subjects.

Now, we have what to compare and contrast, let's see how.

How

First the author uses Subject-by-subject pattern: he examines one thing thoroughly in para. 3 and then starts the other in para. 4.

Please work in pairs Identify the expression below with similar or opposite meanings and categorize them to the traits of B-students and A-students. 10 seconds for you.

10秒

What are the traits of B-students?

① don't know everything about anything

③ complete tasks with modicum of competence

④ are excellent at nothing

What are the traits of B-students?

② do this one thing extremely well

⑤ do things perfectly

⑥ want to do things perfectly all the time

From the answers, we can see that Bo Peabody is using many similar expressions to describe the same subject, and many opposite expressions for the other.

Let's take a look of the connective he is using to show the turn of his topic. What is it in the first sentence of para. 4? …Yes, on the other hand.

With the subject-by-subject pattern, we can get to know the differences between B-students and A-students very explicitly.

Then in para. 5-6 the author is using Point-by-point pattern. He examines two things at the same time, discussing them one point in para. 5, then another point in para. 6. Please select information to fill in these blanks.

5秒

As for patience, entrepreneurs get bored quickly with any tasks; while Managers are able to focus and be patient.

In terms of pattern of thinking, Entrepreneurs tend to thonk laterally because of short attention span. Nevertheless, Managers prefer to think in a more linear fashion.

What are the connectives to remind us of the turn of the course? In para. 5 there is "while", "not…but…", and in para. 6 we have "on the other hand", "while". You can find out more connectives in your handout.

Here with point-by-point pattern, we can know the differences of entrepreneurs and managers very clearly.

And you may find lateral thinking and linear thought are not familiar to us. Let's get to know more about it.

Based on our understanding of the traits of entrepreneurs and managers, let's do this matching practice together.

Lateral thinking can also be called horizontal/divergent thinking, which can bring creativity. In contrast, linear thinking is also vertical thinking, it is kin to logic.

Have you thought about your thinking pattern? Now think about it and envision your future.

Here is an example, you can fill in with what we've learned or talk whatever you want.

30 秒

So far, we've learned 2 steps to compare and contrast, And the features of entrepreneurs and managers. Let's focus on entrepreneurs for now in this period, they can be divided in to different groups, for example, some are patriotic, they love their country deeply; some are ordinary. We have to think critically, and the 3 steps comparison and contrast can help us.

Now, let's start from step 1, brainstorm and visualize ideas with diagrams, charts and so on.

Here is a Venn diagram as an example, please discuss in groups and fill in with your ideas.

30 秒

As for the similarities, you can refer to our text.

For differences, you can consider their top priority, their attitude toward employees, their relationship with nature and so on.

Expected answers:

They are both creative and visionary; they both aim at making profits.

Patriotic Entrepreneurs: share the country's worries, generate wealth to strengthen their country, help promote employment, treat their employees well at any time, devote to public welfare activities, contribute to ecological balance.

Ordinary Businessmen: care only for their own businesses, create wealth for their own enjoyment, lay off the workers for profit maximization, treat the employees well when necessary, help people benefiting their business, make the most of natural resources

Each one talks about one point. We are following the point - by - point pattern now. .

From what we've discussed, we know the Patriotic Entrepreneurs are not pursing profit over others, they can achieve win - win situation between their ambition and country's worry, as well as employee's need.

You are the promising of our future. All of you are potential entrepreneurs.

If you are going to start your business, I believe you can make the right decision and achieve win-win situation, too.

At the same time, making comparison and contrast can help you thinking critical, make better judgement, and have better understanding

Look at the two cases and talk how comparison and contrast help us. 30 秒

You can find your unique way out in the city market like Lu Buxuan (陆步轩), you may also boot rural revitalization like Li Ziqi (李子柒).

And at the same time, live up to five expectations put forward by Chairman Xi, 2020. Let's translate together. Even though you have no aspiration to gain your foothold in the business, they're worth pondering.

Enhance your patriotism, be keen on innovation, be honest and law-abiding, assume your social responsibility, and broaden your global vision.

They can also be the core values of entrepreneurship. Only with these spirits, can we realize the win-win situation together with our national cause, social duty, and global trend.

So far, we've grasp the key point, comparison and contrast, and cope with the difficult point, critical thinking, let's do a self-assessment and see how many scores have gained today.

If you achieve high scores, you must be very confident in completing the assignment. Deliver a short speech after comparing and contrasting successful entrepreneurs in the past and now. You can take Zhangjian and Caodewang as example. Exploring their experiences realize win - win situation can provide more evidence for your unit production.

Please submit your oral assignment to Xuexitong App.

二、决赛准备

全国总决赛的成绩为全国决赛授课以及全国总决赛说课+回答问题的分数总和，分赛区决赛成绩也是如此。分赛区决赛和全国总决赛的赛制包括说课和回答评委提问两个环节。在比赛开始前，组委会会为英语综合课组、商务组、翻译组或英语专业组的选手提供一篇文章，同时为英语（视）听说课组的参赛选手提供一段相关的视频材料。每位选手有 30 分钟的备战时间，然后需要在 7 到 10 分钟，紧密结合材料内容进行说课。说课结束后，选手需要回答评委的提问，而回答的时间不得超过 5 分钟。

说课环节，既要求教师对说课环节以及教学活动十分熟悉，并且能够按照既定思路继续；也要求教师有扎实的基本功，了解新的教学材料的主要内容，把握重难点，在没有教学资源和参考材料的基础上，短时间内根据全新的文章设计出符合学生特点的导入、阅读或写作活动以及作业等。

每次大赛的材料不一样，但可以从评委的评论中看出选手的表现。第七届教学大赛综合组汪晨老师以独特的魅力获得了特等奖。汪晨老师的基本功扎实、思维敏捷、语言地道，与其他老师精心准备的正装相比，甚至有一分随意。

专家在授课环节对她的首要评价凸显了她扎实的基本功。程晓棠教授肯定地表示："该老师的英语语言基本功扎实，语言表达清晰，用词准确，流利性和准确性并存。她思维敏捷，知识丰富，对文本的把握出色。课堂教学活动设计多样，教学环节衔接自如。值得一提的是，她注重师生互动，通过互动式提问引发学生思考，提高学生课堂参与度。"李力教授赞扬："与其他老师上的课相比，汪晨老师的这节课有一个最大的特点：平淡无奇、中规中矩。她没有借用 global reading、critical thinking 等标签式的术语作为噱头，而是以流利而富有韵律的语言，自然地展现了在实际课堂教学中的一贯表现。可以说，她上的这堂课最贴近‘原生态’的课堂教学。”她的课堂仿佛就是如此，平凡中蕴含着冠军的实力。

在决赛说课环节，汪晨老师展现了卓越的基本功，得到了李力教授的高度评价。“汪晨老师将对课文的理解、认识和分析，学生的具体情况，准备采取的措施，教学的关注点，教学的步骤，以及对教学设计的理性分析，都有机地融合在一起。相比之下，多数参赛选手在说课时倾向于使用预先设计好的‘预制’框架，例如 lead-in、global reading、detailed reading、critical thinking、assignment 等。而汪晨老师却没有采取这样的方式。她的教学设计是在充分准确，理解课文的基础上，经过大约半个小时的时间内进行的‘急就章’的临时准备。尽管这种做法可能使层次感稍显不够明晰，但并不混乱，反而展现了她清晰的思路。这充分反映了汪晨老师在语言基本功、理解能力、分析能力、解决问题的能力以及教学能力方面的卓越表现。她的说课没有套话，也没有空洞的言辞，而是紧密围绕课文，考虑学生的情况，显得非常有针对性，同时也十分贴切。”从评委的点评当中，也能看出汪晨老师的优异之处，没有套路也很清晰，临时准备也很到位，各方面能力自然可亲，可见汪晨老师的过人之处。

以下是授课汪晨老师授课环节逐字稿（较口语化）。

Good afternoon，everyone.

How's your day？It's fine？That's great！

Having a good stretch after the class begins areally lovely day. The text we're going to cover today is Demis' *AlphaGo*：*Using Machine Learning to Master the Asian Game of Go*. The word “AlphaGo” triggers my mystical feeling in the cyber age. It is an artificial intelligence.

（Ⅰ. Lead-in）

I'm going to do a quick background check on your understanding of artificial intelligence. What do you think it is？

(Toward students) What do you think "artificial"?

StudentA : "I think it's like a database that contains ways of reactions to different sorts of problems."

Yes, that'sa pretty expert kind of opinion. Thank you very much! Do you have any ideas?

Student B: "Maybe intelligent man-made the machines."

That's a good one! Intelligent man-made machines, like computers, right? We all computer literate, meaning, we all know how to use computers. We almost use themon a daily basis.

Human beings are at a great crossroads in history. We're moving forward, we inevitably involve our reflection into the relationship between computers and human beings. Jonathan Nolan has recently reflected upon this relationship in his TV series*Person of Interest*. There are two really interesting quotes I would like to share with you today.

On this side, it's a common interface where this computer, called "The Machine," is talking to its user. It said, "*You're wrong, Herald.*" On the right hand side is another interface who is talking to its creator, Herald Finch. Mr. Finch said, "*You're my creation. I can't let you die.*" The machine said, "*Father, I'm sorry I failed.*"

What's interesting is it that human beings are like computers. Yes, it's like human beings, right? So this is a very close relation between computers and human beings, as if in the role of father and son. And this computer possessed the moral judgment of right and wrong, that is unique to human beings. This close relationship is just one type of prediction into the future role between computers and human beings.

(Author)

There are other possibilities, and we're going to see those today. The author, Demis, he is a game developer, a nerd, a neuroscientist (laugh), a nerd and AI entrepreneur, a nerd.

(Genre)

What is a three times nerd doing in writing this article? Well, it's an exposition. The purpose of exposition is to explain, inform, teach, or even describe. So in this article, he's going to describe to us and explain to us what AlphaGo is. But here's one problem: he is an expert, and we are laymen. So how can he make us understand something so complicated?

Whenever we are writing an exposition, we are thinking of one question: *How to write an understandable and convincing piece?*

(Ⅱ. Objectives)

So there are two objectives today, the first one is to comprehend the text and the next one is to grasp the techniques that Demis has used in this article.

(Ⅲ. Reading)

So our future cases will actually have to write exposition. We'll know what kind of things we can use in our article.

(Structure of the Article)

The structure of this article is straightforward:

It starts with an account of the game of Go (para. 1-2). And in the main body he explains the creation of AI, AlphaGo for the game (para. 3-6). In the end, he projects into the future of the relation between AI and humansociety (Para. 7-8).

Let's see these three parts one by one.

(Part 1: Account of the Game of Go)

First he started by saying the account of game of go. Where do you think the game of Go is? For Chinese? Do you have any Chinese phrase for it?

That's a good one. It's a game, 围棋, that doesn't need much explanation to us. We Chinese know it, right?

So now what is important in this part is how he explained what the game of Go is. Please read paragraph one and two quickly, sentence by sentence, and try to find the answers to these five hints:

(Time of origin; Societal value; Population; Rules; Beauty)

Okay, let's wrap it up. Could we say the answers together? Cool, then. So what was the time of origin for the game of go? Yes, two thousand five hundred years ago. Who said it was one of the four essential arts? Good, Confucius. So how many people are playing in nowadays? Yeah, louder, please, thank you. 40 million. So how to play the game? Yes, two players. We need to capture and surround the opponent. Great! And where does a beauty lie? The first word is a little bit difficult. Subtlety, intellectual depth, and complexity.

(Techniques)

Let's look at what he used here. Exact impressive numbers like two thousand and five hundred years, 40 million. Authoritative figure like Confucius. Every Chinese knows who Confucius is, right? Yes.

And the technical terms. The language of the game of Go like "capture" and "surround". So all these things give his explanation. *Logic*, *clarity*, *objectivity*, *and authority*. All these for qualities are essential for exposition.

(New Word: Subtlety)

We're going to see more of that in the second part, but before that we're going to learn a new word, subtlety. It's the noun form of the word "subtle". If we look up in the dictionary, we'll find that "subtle" means something that is not obvious or noticeable, at least immediately. What is that? I see you frown. It's a little bit difficult because it's an abstract word that's not tangible. The problem is how to memorize abstract words.

We try to build the connection between it and concrete entities. So subtle is like the beauty behind the veil in eastern and western world. It's beautiful, but it's not immediately obvious. I'm going to give you two examples.

"The painting has subtle shades of brown." "The flower has the delightfully subtle scents." The color in art, the fragrance in nature. Both are beautiful things, but not so obvious. So in these cases we can use the word "subtle".

(Part 2: Creation of AlphaGo)

Now let's look at the second part. I'm going to assign you to different groups. Please paragraph three, four, five and six. While you're reading each paragraph, please try to find out two things: first, examples, using numbers; second, technical terms.

(1. Examples with numbers

2. Technical terms)

I've filled some of the blanks and you need to worry about the rest.

Okay, let's wrap it up. I'm going to ask you. When he introduced to us the milestones in our history, did you find any numbers?

Student: Yes, there are a lot of numbers representing years.

Like? Can you give one example?

Student: 1952

Great. Thank you. 1952, 94, 97, 2011, 2014t, all these years arranged in chronological order. Each year the AI cracked a human game. That's a very good one.

Let's see the next part where he explained the new alpha go to us. Did he use any technical terms? The technical terms, the language of computers. Yes, that's a bit challenging because we do not have the background knowledge of computers, right? It's okay. It's like search tree, neural network, neural-like connections. Let us not forget that the Demis is a neural scientist, so he's trying to compare computers to human brains to see how these two things work.

(Toward a student) Can I ask you about paragraphs five, where he explained working mechanism of AI. Did he use any numbers?

Student: Yes, there are 30…, 57 percent, 44 percent

Yes, 57 percentage of prediction, yes? Great. 30 million moves. 57 percentage of prediction instead of 44, great leap and improvement.

Now the next paragraph where he explained he put real life trial of AlphaGo. Did you do find any numbers?

Student: Oh, that's one of five games. Age of 12.5 games to 0.

Yes, great. That's a good one. So, against Fan Hui who started to play at the age of 12 and it was five games to zero. That's an overwhelming success.

(Techniques Used in This Section: Numbers, Technical terms, Metaphors)

Now let's look at the PowerPoint. He has used all those exact impressive numbers, giving us a real clear idea of the development AI history and the current status. The technical terms give us the voice of authority, the voice of an expert.

Now let's take a second glance at these terms, search tree, neural network as in the fourth paragraph. He said "we build a system, AlphaGo, that combines an advanced search tree with deep neural networks (Para. 4)". It's an abstract idea in the new field, but we do have things to make it easier to understand. For example, when we see tree, we have this kind of picture in our mind with different layers. It's not beautiful but it's the best that I can do (humorous). And for network, it's lines connected by knots. If we make it more abstract, we can find the person of interest in the sea of data. If we hit on one person, it helps us to connect to every single one he knows indirectly and directly in this life.

If we make it more abstract, we can see the working mechanism of AlphaGo is making predictions based on probabilities. So, what is it doing here? It is using our existing knowledge, triggering the images in our mind, and trying to make new things easier to understand. That's the merit of metaphor.

We're going to do a simple exercise today, not like the work coinage of new field. Suppose your boyfriend that you have been together for eight years has recently dumped you for Fan Bingbing. Your girlfriend dumped you for Li Chen. What would you say to him?

Students: You are a bad guy?

That's a smooth one. "You're a bad guy", right? He has really broken your heart. We can compare sadness to glass. "You have broken my heart." We can't literally rip heart of someone's chests, tear into two parts and threw it on the street. (Toward another student) I see your smile. You want to do it if you have a girlfriend. That wouldn't work. But we can do it metaphorically.

For anger, when your mother is calling your phone in. What kind of image you have in mind? Fire. She is breathing fire.

For illness, we can visualize it as an opponent, right? So, I can say I can beat this cold. So, for a metaphor, it can make things easier to understand and more vivid.

(Part 3: Projection into the Future)

Now, let's see the last part where he projects into the future of AI. (Toward students) You have a good habit of page turning, thank you. I

In the fifth paragraph he said, "*But Our goal is to beat the best human players, not to mimic them.*" That's a really ambitious one, right? It's just a machine, but I can do it.

In the last paragraph, he said, "*we are thrilled to have mastered Go and thus achieved one of the grand challenges of AI*". We see words and phrases like "thrilled", "mastered", "achieved" and "grand challenges". From these words and phrases, we understand one thing: he's really satisfied with what he and AlphaGo have achieved. Yes, AlphaGo has been settled in early 2016. That's a new news. He has accomplished a lot.

(Reflection)

But my question is "what rule does this author assume for the AI in real life in human society?" What's he role? It's like the close emotional engagement as a father and son in person of interest. Or it's like humans do the designs, pull the strings and AI does the left work, kind of helper role. Now please read the last paragraph quickly and try to come up with your own interpretation.

Okay. Let me ask you. Is it like a father-and-son kind of relation, or is the kind of helper role? Could you say it louder? A kind of helper role, right? He wanted to apply AlphaGo into real life problems like climate modeling. In a model we change one variable and we inevitably change other variables to see how those changes respond to each other. Yes, that's a good one. It's a helper role.

Now, which role do you feel more comfortable with—emotional engagement or a helper? Which one you are more comfortable with?

Student: The close emotional engagement.

The close emotional engagement. Do you haveany reasons for that?

Student: It's more humane.

Oh, since it carries more humanity in it. That that's good thought.

(IV. Summary of Today's Lesson)

(Comprehension of the text and analyzed its structure.

Techniques such as: Using numbers, including technical terms, applying metaphors)

What did we do today? We comprehended the text and analyzed the structures.

And then we grasped the techniques like the numbers, the technical terms, and the metaphors. All these things are useful in writing an exposition. So please use them in the assignment.

(V. Assignment)

Please watch Season 1 of*Person of Interest* and write a short composition (300 words). Use the techniques we discussed today—numbers, technical terms, and metaphors—and reflect on the future of AI in human society.

You are the younger generation; you have a voice in the future. Make good use of that and have a serious reflection upon it.

That might be a bad idea, you may just watch the show and forget the assignment, but I have faith in you (humorous). I like it, so let's give it go.

Thank you very much, everyone!

以下是汪晨老师说课环节逐字稿。

Thank you, everyone. Welcome to my presentation. Good news: I'm the last one between you and lunch.

(Ⅰ. Structure of Presentation)

Today's presentation consists of three parts.

First are the target audiences.

Second, the teaching objectives.

Third, the actual teaching plan.

(Ⅱ. Target Audiences)

Now, target audiences. My students are second-year non-English majors from a variety of academic backgrounds. They share similar need to improve their English proficiency.

(Ⅲ. Teaching Objectives)

1. To comprehend and understand the content.

2. To grasp the techniques the writer has used in the present argumentation to write effectively. In the future, they might also know what kind of techniques they can make use of.

3. To develop autonomous learning ability. So, in future cases, when they need to appreciate or analyze a text on their own, they will know where to start.

(Ⅳ. Teaching Plan)

Now, the actual teaching plan.

(1. Warming Up)

We'll start with warming up. This is a hard article and an academic one. I would first check my students' understanding of some concepts like "artificial intelligence." There are four people the writer has quoted in this article: Stephen Hawking, Elon Musk, Steven Pinker, and Isaac Asimov. Students will search online for information about these scientists to better understand the article.

My students are shy. They avoid eye contact whenever I pose a question. So, the task I use at this stage is called the*snowball effect*. Basically, they have to memorize and repeat the content of the previous students before adding one of their own. The later they stand up, the more they have to say. This encourages them to stand up and speak out their opinions.

(2. Main Idea of the Text)

Now, let's look at the main idea of the text. This text conveys the writer's optimistic views on AI. It starts by posing the threat of AI, quoting two people from the academic and commercial worlds, like Hawking and Musk. The writer presentsa ominous picture of concern about the problems AI might bring to human society.

From the second to the fourth paragraph, the writer reviews human history and tells us one thing: there's no need to panic. We already have different kind of problems in our lives and it's not the first time. And then he justified the use of AI in society.

Starting from the fourth paragraph, he tells us one thing. Well, AI does have some benefits. For example, it decreased the rates of death, the use of violence, and spreading information.

From paragraphs five to eight, he shares with us some of the possible strategies that we canactually use to take our artificial intelligence in control. It's interesting to see that the author uses our existing knowledge of biotechnology to compare it with something totally new, like AI. So from the start of the fifth paragraph, he said that at the start of a bio technology, everyone panicked, but we had something to take it under control. We have guidelines and these guidelines were like defining the mission of the AI, building guards and to prevent unauthorized to use of AI. So if we have this guidelines, we can, we might be able to keep AI under control and then he moves on to say that human beings can also do something else besides guidelines like human governance and social institutions.

If we have all these preparations, there is an opportunity there's an optimistic note that we can keep AI under control. No reason to panic.

In the last paragraph, the writer says that in today's world there are lots of problems that wehave to tackle, and AI plays an important role in helping us tackle these problems. The grand challenges before us can be helped by using AI. So this article is about spreading optimistic notes.

What is important for my students is to step out of their comfort zone into the shoes of writer and to understand one thing. Out of so many resources at the writer's disposal, what kind of techniques did he put into the present article to make it a convincing peace? So, there are several things I want to mention to my students.

(3. Techniques Used in the Article)

(A. Exemplification) The first one is exemplification. The writer is pretty clever in using exact years as benchmarks when we reveal the history of human society and explain our future, like "1950" in paragraph one, "20 years" in paragraph 3, "2011" in paragraph 4, "1975" and "59 years" in paragraph five, "1942" and "2029" in paragraph six.

So all these exact years give us an understanding that the writer knows what he's writing about and he has expert knowledge in this.

(B. Use of Short Sentences) Second is the use of short sentences. This is an writing of argumentation. Short sentences are really important because and they put emphasis on the content. For example, in paragraph 2, he said "AI is not in the hands of one or two; it is in one billion or two billion." In paragraph 3 he said, "That's already the case. People are surprised by this." The author is using this short sentences and put emphasis on what he's trying to say.

(C. Contrast and Dramatic Effect) Third is the contrast, the dramatic effect that you created by comparing something totally different. For example, in paragraph 3, he compares kids in Africa, who now have intelligent access to knowledge, better than the president of US 20 years ago. The dramatic give us one idea . People nowadays has much knowledge at disposal than before, so we have opportunities.

(D. Association) The fourth thing is that he uses associations like what we said before, using our existing knowledge to explain something totally new. So, all through the paragraphs, he used bio technology to compared to AI which is a new idea.

(4. Features)

(A. Academic Features) This article is academic writing, which is really useful for our students because they have to write academic writing in the future. One of the main features of academic writing is an exactness in the language.

(Quotations) He has used a lot of quotations in this paragraph. For example, in paragraph 4, he said, a book *The Better Angels of Our Nature*, *Why Violence Has Declined*. In paragraph five, he mentions a meeting called Asilomar Conference on Recombinant DNA. In paragraphs 6, he said a book *I Ran About*. Paragraph 6 again, a paper, *Computing Machinery and Intelligence*. All these academic meetings and papers give us an impression that well he's authority on the issue. He has academic voice.

(Academic Vocabulary) The second thing is the academic language he has used in the paragraphs. While we learn vocabulary, the smart thing, the effective thing is to organize those words into little semantic sets, to store them into little pigeon hole in the students' mind. So in the future, when they actually have to write such an article, they'll have greater chances to retrieve them from the mental lexicon. So, they use:

Words related to computers and math: AI, human intelligence, exponentially, technology, encrypt.

Academic language: statistics, guidelines, practitioners, unauthorized, pivotal, moral imperative.

Medical-related words: medical treatment, clinical practice, diagnoses, cures.

He even uses one word which is common in drama like "merits". All these words, if we organize them in little sets, then in future case, the students will be able to use that kind of words. So this is the technique that I would like to use when I teach those words to the students.

(5. Optimism)

The last thing is, well, he's spreading optimism. If we use really heavy language, then people will have no faith. So he uses something to sooth our spirit. Like, in paragraph 6, he said that "*I'm an optimistic*", "*we have more time*". So using this kind of language and in paragraph 9 he uses a little humor, like "*we can help the disabled*", like "*improving, providing Hawking's voice*". These humorous notes give us one thing, well, he's taking his pace and wait, there's no need to worry about that, it's not that serious, and we have that before.

The next thing he is the organization of the text he is talking about optimism. So if you look at the paragraphs, you'll see that only in the first paragraph did he say something quite heavy, on the rest he say, "well, we had this before, we can take it under control." all these things spread optimism. Students have to realize how to organize their texts.

(V. Assignment) For the assignment, it's a little bit premature to ask them to write a piece on their own because this article was pretty hard. So they're going to write a summary. Have a second chance to double-check their understanding on the text, and the content. Have a second chance to have access to those vocabularies, the words and phrases, and the techniques the writer has used in the present article before going on to write independently.

Thank you very much.

第四节 外研社"教学之星"大赛内容选取

外研社"教学之星"大赛，历经校级初赛、全国复赛、全国半决赛以及全国总决赛。校级初赛、全国复赛、全国半决赛均可由选手自己选择外语教学与研究出版社，即外研社出版的教材。全国总决赛由主办方提前至少一个月指定教材，选手在指定教材范围内选择。然而，也会有所侧重，既要基于外研社教材的日常教学中比较精彩的部分，又要考虑当年大赛主题。每年的赛题都与国家发展、教育趋势息息相关。2018 年 8 月，根据教育部印发的《关于狠抓新时代全国高等学校本科教育工作会议精神落实的通知》中明确提出"金课建设"，因此 2019 年的赛题为"成效导向的教学设计：从金课程到金课堂"，体现"高阶性、创新性、挑战度"的高质量课程。2020 年 6 月 1 日，教育部发布了《高等学校课程思政建设指导纲要》，明确指出要在整个高等教育人才培养体系中贯彻思想政治教育，全面推动高校的课程思政建设，有效发挥每门课程在共同培养人才方面的协同作用，以提升人才培养的质量，故2020年赛题即“语言与育人融合的外语课程与教学设计”，体现课程思政元素。近几年的主题均与教材使用有关：2021年“外语教材的有效使用：培根铸魂，启智增慧”、2022年“外语教材的有效使用：思想性与科学性相统一”、2023年“外语教材的有效使用：数字赋能，创新育人”。

一、全国半决赛自主选择内容

外研社“教学之星”大赛半决赛教学内容的选择性比较广，内容选择可随赛题的变化，可能体现的教学侧重点稍有不同，但精彩的教学片段，在不同主题限定下有着共有的特质，新颖新鲜、思路清晰、内容详实、前后呼应、评价合理，有思想、有深度、有前沿、有趣味。以2021年半决赛第7期冠军团队为例，其授课内容主要为irony（反语），鲜有团队涉及该知识点。将该知识点与课文内容结合，穿插不做“低头族”，养成健康合理生活，课程思政得到有机融入，学习通的融入，既充分体现了信息技术的运用，也体现了探究学习过程和学生习得效果。

教学内容安排在说课部分得到精确提炼，具体内容展开见如下说课部分。

Good morning, distinguished judges , ladies and gentlemen.

It's a great honor to be the first group to share our insights into college English with you. Today, our presentation is composed of these two parts.

And I will introduce our teaching design.

(1. Students Analysis)

To begin with, our university is a comprehensive institution with most students majoring in science and engineering.

Our target Ss today are freshmen, non - English majors. Their English is at intermediate level and they are highly motivated to improve their English. Our Ss competence is unsymmetrical because they are really good at language understanding and logical thinking, but relatively weak in production, especially the writing production with rhetorical devices.

(2. Textbook)

Our Textbook is New standard English, book 2.

It covers a wide range of topics which facilitate Ss to achieve both instrumental and humanistic objectives of college English.

The eight units in this textbook are closely related to Ss' life. And, different rhetorical devices can be found in the texts.

When we consider our priority, Unit 5, "time off", stands out.

This unit offers Ss a fresh view of life. Because Ss are told to study hard, and work hard, they are facing great pressure nowadays, they need to ventilate their stress properly in order to balance life and study. This unit tells Ss to cultivate a good hobby and relax in a healthy way. And the humorous and beautiful language style can enrich Ss' ways of expressing their opinions, and to some extent, cultivate a different mindset toward life.

(3. Unit Objectives)

After learning this unit, Ss are expected to achieve these teaching Objectives.

For language, Ss are expected to understand the varieties of languages and enrich their ways of expressions.

For skill, they are expected to do a presentation with narrative and argumentative writing skills.

For morality, they are expected to establish positive and healthy leisure values, scientifically and harmoniously.

(4. Unit Design)

How to achieve unit objectives? (methodology)

We turn to POA as our methodology.

(Procedures)

With its guidance, we begin with the unit production.

Ss are required to make a presentation after making a survey about what people do in their spare time and making comment on it.

(Motivating) In order to complete it, first of all, Ss are motivated mainly by a question raised by a foreigner (视频). Ss try to respond, then they realize that they lack adequate evidence and cannot their ideas attractively and persuasively.

(Enabling) Therefore, Ss find it very significant to improve their writing skills through the two activities from the reading of the two texts. The first activity is designed to make the presentation more interesting with humor; the second is to make it more eloquent and persuasive.

(Assessing)

We adopt teacher-student collaborative assessment to evaluate Ss' activities and unit production from multiple perspectives.

(5. Demo Design)

In this unit, the first activity is the most challenging part, because it is not easy for Ss to identify irony, not to mention, to use it. And it is essential for Ss to make the unit production more attractive. And my partner will mainly demonstrate its enabling part with specific scaffolding of continuation theory to draw the level of output closer to that of the authentic text.

The demo objectives are as follows

For language, Ss will understand the humorous language style.

For skill, Ss will be able to finish the continuation writing through irony.

For moral objective, Ss will know they should cultivate a healthy life style and appreciate the beauty of humor in life.

(Teaching material analysis)

In order to achieve these objectives more efficiently, we make use of the textbook creatively, while following the REDPS procedure of continuation writing.

Firstly, we select para. 4 - 7, para. 10 and 13 as focus for Ss to do further reading.

In this part, my partner decodes the key point "irony" —letter by letter—to make the definition more explicit and impressive.

Then, we extend the content of the text. From couch potato and mouse potato in the text, we go beyond the text to explore the current phenomenon, phone potato or phubber.

At last, we supplement more information for Ss to finish the draft.

And the last two steps are left as an assignment for Ss to read, explore the text again and create.

(Assessment)

The assessment is done thoroughly before class, in class and after class. Here, we design a CROSS pattern to help Ss finish their writing more efficiently

(6. Highlight)

In the end, let me introduce our highlights.

(Amusing topic to cultivate integrated individual) First, we choose an amusing topic to cultivate integrated individuals through language and idea.

(Efficient formula) Secondly, we use efficient formulas to make the key points more explicit.

(Continuation writing within POA) Thirdly, the embedding of continuation writing within POA makes ours class more systematic and specifically scaffolded.

That's the end of my introduction. What a relief to me! Now the sweet tension goes on to my partner. Let's welcome.

二、全国总决赛指定教材内容

总决赛有指定的教学内容，且评委也熟知。有教师脱离教材本身重难点的设置，以补充的知识点或材料为教学内容，反而会成为失分点。仍以 2021 年“教学之星”决赛为例，指定教材及内容为《新未来大学英语 综合教程 1》(Unit 6 Passing the torch)、《新未来大学英语 视听说教程 1》(Unit 5 From the past, into the future)、《新编大学英语（第四版）综合教程 1》(Unit 8 Communication at your fingertips)、《演讲的艺术（第十三版）（中国版）》(Chapter 6 Supporting your ideas）。总决赛产生冠军团队 1 个，亚军团队 2 个，季军团队 3 个，一等奖团队 12 个。

Unit 6 "Passing the Torch"（传递火炬）以年轻一代的特征为出发点，对比不同年代的人在价值观、心理状态、生活习惯和梦想方面的异同，特别强调了对民族梦的传承。课程旨在引导新一代年轻人学习南仁东等前辈们怀揣着对祖国的热爱、开创性的创新精神以及坚定的家国情怀和奋斗精神。通过采用多种教学方式和手段，如讲授、讨论、案例分析以及项目式学习等，凸显学生在教学过程中的主体地位，推动其在语言技能、语言知识、交际能力和思辨能力等方面实现全面提升。18 支进入总决赛的队伍中，选该单元的有 11 个团队，其中季军 1 个，一等奖 10 个。

从其单元教学目标就可以看出每个团队的教学内容选择和重难点。其中，季军一等奖聚焦于对比与比较这一知识点，教学目标如下。

通过对教材第 162 至 163 页（Section 1 Episode 1 Gen-Z Talk Spot）中关于 "generational difference" 观点的比较与对比进行详细解读，着重利用 U 校园 App 上的教材配套知识点 "Critical Thinking：Compare and Contrast" 以及教材第 164 页的配套讲解，借助分析反例和优质对比案例，引导学生关注批判性思维在比较和对比过程中的应用，深入挖掘比较对象之间的深层次共同点和差异。

鼓励学生在面对学习和生活中的两难困境和抉择时，积极寻找问题的核心，通过有效的对比与分析，在正确的价值观、世界观与人生观的指导下做出最佳选择。

结合教材第 176 至 177 页（Section 1 Project）的 "Essay Competition" 写作作业和教材第 178 至 180 页（Section 2 Text A：Sky-high ambition to fulfill an "unreachable" dream）的深入阅读课文的预习环节，通过课后作业引导学生在比较与对比中深化对个人梦想与中国梦的理解。真正将教材 Text A 中南仁东表现出的爱国情怀、进取精神和科学态度内化为个人的价值观、世界观和人生观，从而以高度的荣誉感接过先辈们传递的火炬，努力用个人的小梦想为中华民族伟大复兴的大梦想做出贡献。

一等奖中选该单元内容名次最高为一等奖第 2 名，其聚焦于主要课文内容南仁东的事迹，主要目标为分为：语言目标包括能够灵活运用与梦想和希望相关的词汇，以概括人物的主要经历；思辨目标则要求理解并应用里程碑事件的辨析原则，即 TIP 原则，即主题导向（Theme-oriented）、关注影响（Impact-focused），以及人物驱动（Personality-driven）；在培养学生的育人目标方面，重点集中在南仁东等杰出个体的卓越品质上，鼓励学生学习并发现更多英雄人物的事迹，通过反思自身，塑造正确的人生观和价值观。

一等奖中选该单元内容名次最低为一等奖第 12 名，该队伍也是以主要课文内容南仁东的事迹为主，主要目标为：语言目标包括理解记叙文结构要素以及掌握时间顺序叙述法；熟悉一般过去时在叙述故事时的应用，同时掌握英文首字母缩略词的用法；能够撰写题为“A Hero in IT Industry”的短文。育人目标侧重培养学生观察、分析、提炼和总结的思维能力；提升英语、计算机科学技术和社会学的交叉融合能力；加强思辨能力和科学素养；强化自我管理能力，同时树立爱国意识，承担社会责任，积极为民族复兴贡献力量。因此，从教学目标可以看出，教学内容要聚焦思维方式的改变，也要注意高阶性的选择，而名次最高的在教学重难点的安排上与课文练习最紧密。

Unit 8 Communication at your fingertips（指尖上交流）主要有两篇文章，也是以两个思辨性问题展开：“社交媒体是我们的敌人吗?”和“为什么我不买手机?”18 支进入总决赛的队伍中，选该单元的有 5 个团队，其中冠、亚团队各 1 个，季军团队 2 个，以及一等奖第一名 1 个。

冠军团队明确指出，其选取课本 195 页，Read and Write “Use anecdotes to illustrate your point”（如何用轶事论证观点），聚焦轶事的使用原则，即简洁性、相关性、描述性。文章聚焦 187 页 Reading 1 中第一到第三自然段，以及 185 页荀子的名言“The gentleman makes things his servants; the petty man is servant to things.”（君子役物，小人役于物）。以产出导向法（POA）为教学方法组织教学过程，教学目标也很明确：首先，语言目标涵盖了对轶事的定义的理解；对轶事在论证中的关键作用的理解；对在论证中使用轶事时需要注意的三个原则的掌握；能够巧妙运用适当的语言，通过叙述轶事来有效地支持自己的观点。其次，育人目标侧重培养对科技进步与人文关怀之间辩证关系的正确认识，以理性的态度看待信息技术的发展，注重人文关怀，促进更加和谐的人际关系；能够发现中国古代哲学家对于“物与人”的辩证思想对现代社会发展的启示，强化对中国文化的认同感和自豪感，从而树立更加牢固的文化自信。

冠军团队“脚手架”的搭建逻辑清楚，充分结合各种多媒体技术，最后轶事的学生产出，也非常感人。季军团队中有一支队伍，也是以 anecdote（轶事）为主，还涉及与记叙文故事描写中的“5W1H”作比较，内容更显多杂，PPT 制作不如冠军团队优美，内容不如冠军团队精炼，学生互动不如冠军团队强。

亚军团队以 Unit 8 Reading 1“社交媒体是敌是友?”为内容，没有具体说明所选内容的具体出处。教学目标概括如下：语言目标要求学生能够准确运用逻辑连接词；技能目标强调学生应灵活运用引用例证的多种方法和技巧，具备合理引用多方论据来支持论点的能力；育人目标要求学生分析“社交媒体”对学习的影响，并能够理性地利用“社交媒体”进行有效学习。整个教学设计以 POA 为指导，紧密、逻辑性强，教师基本功尤为突出。

季军团队以 Reading 2 Why I am not going to buy a cellphone（P197~198）为教学内容。遵从 ACTIVE 外语教学理念，聚焦的具体知识点可从教学目标明确得出：价值目标，培养学生辩证看待手机的影响，合理使用手机实现幸福校园生活；理解汉字“思”的象形字源及其所蕴含的中国智慧，领会“沉思”在生活中的重要性。能力目标，识别和分析作者的三段论推理，并通过解读关键词汇（如 contemplation 和 good）评价其隐含的假设；拓展关键词汇的价值维度，提升文化敏感性。知识目标，了解和运用评价语言提升议论文说理的感染力；了解和运用三段论推理，提升议论文逻辑推理的严谨性。该团队的重点在于培养学生的高阶思维能力，这一特点颇为创新。然而，一个不足之处是有些内容偏离了课本。

一等奖第一名团队对第 203 页的单元项目进了改良，课本第 188 页第 5 段的两个问题（社交媒体让人们联系更紧密还是更遥远？社交媒体对人类的影响?），对课文内容进行了重序回归，课本第 187 页题目“Is social media the enemy ?”，引出条件句；再对课本进行延伸，基于课本内容，拓展条件句的用法和隐含的思维意义。因此其知识目标主要在于对虚拟条件句的掌握，育人目标主要在于辩证思维的了解以及实践，穿插在项目式教学中。与其他团队相比，该团队与课本本身设定的重难点有些脱离，句型练习较多，篇章逻辑理解较少，应该从更高层次拔高学生思维。

Chapter 6 Supporting your ideas（论据）探讨在演讲中如何使用支撑材料，包括例证、数据、证言三种类型及网络支撑材料。共有两组团队选择本章节。其中一支亚军团队以“How to use statistics effectively”（如何有效使用数据）为主题，以 POA 为方法指导，选择第 80~81 页“TIPS FOR USING”，教学内容涵盖了如何避免常见的数据使用问题、如何解释数据以及如何评判数据使用的客观性这三个方面。通过简练而明确的教学目标可知，教学重点如下：语言目标要求学生能够运用方法分析并解决数据使用中常见问题，包括选择可靠的信息源、标识来源、四舍五入、使用有代表性的统计数据以及解释数据；同时，学生能够运用分解法、放大法、比较法有效解释选取的数据，并具备评价数据使用客观性、避免片面使用数据的能力。育人目标包括提升信息素养，使学生能够高效地检索、评判数据，以及精确、有效、创造性地使用数据，同时强调坚守信息伦理道德；另外，培养学生思辨能力，使其在使用数据时能够独立思考、大胆质疑，评估数据的信度与效度，从而提高思辨水平；最后，育人目标还包括增强文化自信，引导学生辩证地认识中国的发展，掌握话语策略，成为中国文化的坚定信仰者和积极的传播者。

一等奖团队围绕多轮实践提炼的 PRES（Point-Reason-Evidence-Summary）演讲框架为主要教学内容，该内容在课本中没有完全对应的章节，其灵感来自课本第十一章中关于即兴演讲的一段话。教学目标包括以下方面：在实践训练中，巩固并强化对 PRES 框架的理解与应用，包括使用 PRES 框架分析他人的英语演讲，以及用 PRES 框架清晰有力地表达自己对给定议题的观点；在思考和讨论涉及在线教育、互联网时代的独立思考能力、全球化背景下的志愿服务精神等议题的过程中，掌握相关的英语词汇与句式。育人目标侧重于理解“言之有物”的重要性，提升思辨能力，尤其是在清晰性、相关性、逻辑性和深刻性等方面；通过小组合作和同伴互评，提高团队协作能力，培养演讲自信心；通过多角度分析话题，初步形成对在线教育、互联网时代的独立思考能力、全球化背景下的志愿服务精神等议题的观点和态度，养成良好的行为习惯，并树立正确的价值观念。

可以看出，该团队偏离教材过多，育人的高阶性不够，再加上 PPT 制作不够精良、精炼，得分不是很高。

总之，外研社“教学之星”全国高校外语教学大赛教学内容的选择要遵循时代发展的要求，在好导入、易升华的基础上选择能满足“金课”要求、实现跨学科融合、体现学生特色和时代要求的内容，同时也要打好基本功，扩大自己知识面，以应对决赛的临场发挥要求。

第五节　全国高等学校外语微课优秀作品征集与交流活动内容选取

微课参赛作品的设计与制作也是非常费时费力的过程，教师在对信息化技术掌握不多的情况下，想要产出高质量作品，可能需要请专业团队进行录制，每分钟价格在 800～100 元，相对于 8～10 分钟的微课来说，费用成本较高。然而技术加持离不开内容选择和安排，因此微课的设计流程包括微课选题、教学设计、PPT 课件制作（包括搜索或制作 PPT 模板、文本图片、视频音频、动画等资源）、视频录制（包括 PPT 播放讲解、录屏软件录制、视频音频、背景音乐添加、字幕添加、视频输出）。

一、选题与内容选择原则

可以看出选题仍是重中之重，选择某门课程中某个单元的教学点，确定教学内容和教学目标，尤为重要。微课选题应遵循以下原则。

第一，微课题目应当立意独特，吸引人眼球，设计时要巧思横溢，蕴含微妙而深刻的内涵，同时要营造出冲突，勾起悬念。例如，2022 年全国一等奖南京交通职业技术学院黄丹卉老师的“简历‘技’胜一筹”，2022 年全国二等奖山西工商学院李娟的“小钱币，大智慧”，2021 年重庆交通大学饶巧颖老师全国一等奖的“李雷的误会——趣谈中英文问候语”，2021 全国一等奖河北政法职业学院王蜜蜜老师的“Emoji & Emotions”，2020 年全国一等奖湖南工业职业技术学院宁越的“礼”尚往来等。

第二，微课的选题应具有点到面的特质，内容紧凑而有深度，简而精；在“点到面”之间，需有可拓展的品质。例如，2023 年全国一等奖重庆电子工程职业学院李英瑞老师的“句子重读”，2022 年全国一等奖四川外国语大学成都学院何益老师的“逗号错误”，以及 2021 年全国一等海南外语职业学院黎娅玲老师的“舌侧音 l”。

第三，微课的引人入胜与受欢迎程度与其内容的趣味性息息相关，越是独具匠心、别开生面、新颖独特，就越能吸引观众的眼球，赢得评委和学生的喜爱。例如，2023 年全国二等奖大连东软信息学院李阳老师的“诗画绘王维（Describing by Showing）”，2022 年全国一等奖广西工业职业技术学院康义老师的选题“为何用筷子而不用刀叉”，2022 年全国一等奖山东科技大学徐育新老师的“古代健康节”等。

第四，微课的内容需有针对性地解决教学中的重要难题和疑点，同时可密切关注时事热点，有使学生和评委感受到新颖的视角和新鲜的观点。例如，2023 年全国一等奖成都信息工程大学周杰老师的“儒家‘五常’新时代新意义”，2023 年全国二等奖黑龙江东方学院高蓓老师的“Hey，Gerund! My friend!（嗨，动名词！我的朋友！）”，2022 年全国二等奖黄山学院童兆升老师的“How to Change Sentence Order in E-C Translation（英译汉句序调整）”，2021 年全国一等奖燕山大学里仁学院刘艳艳老师的“How to Make Data Commentary?（如何进行数据描述性分析）等。

下面以 2021 年全国二等奖“How to Compare and Contrast”教学设计为例，详细了解当时的教学材料和语言设计。

二、教学设计案例

（一）全国高等学校外语微课优秀作品征集与交流活动案例一

表 2-6 2021 年全国高等学校外语微课优秀作品征集与交流活动教学设计方案

<table>
<tr><td>题目</td><td colspan="3">How to Compare and Contrast</td></tr>
<tr><td>课程名称</td><td>大学英语</td><td>所属模块</td><td>写作</td></tr>
<tr><td>授课对象</td><td>非英语专业本科一年级</td><td>教学时长</td><td>7 分 55 秒</td></tr>
<tr><td>教材名称</td><td>新目标大学英语
综合教程 2</td><td>所选章节</td><td>Unit 2</td></tr>
<tr><td colspan="4">【教育理念】</td></tr>
<tr><td>学生中心</td><td colspan="3">本课主张以教师为主导，学生为主体，发挥教师的“脚手架”作用。选取与学生生活密切相关的案例，通过任务式、探究式和启发性的活动设计，激发学生兴趣，提高学生自我探索和解决问题的能力</td></tr>
<tr><td>产出导向</td><td colspan="3">以建构主义学习理论为指导思想，基于建构主义学习理论和目标结构理论，采用任务驱动法、小组合作探究法作为本节课的教学方法。本课英语教学体现了学以致用、用以促学的理念，使学生在应用的过程中发现问题、解决问题</td></tr>
<tr><td>全人教育</td><td colspan="3">确立以学生为中心、产出导向、持续改进的教育理念，加强课程思政建设，贯彻全员、全程、全方位育人</td></tr>
<tr><td colspan="4">【教学目标】</td></tr>
<tr><td>知识目标</td><td colspan="3">掌握四种有助于头脑风暴的可视化图表、两种模式、相关连接词</td></tr>
<tr><td>能力目标</td><td colspan="3">系统逻辑对比比较事物的相同点及不同点</td></tr>
<tr><td>情感目标</td><td colspan="3">通过比较和对比，对事物客观认知，形成批判性思维、实事求是的思维习惯</td></tr>
</table>

续表

【教学分析】	
学情分析	1. 学生有自己的认知水平和能力状况。本课授课对象为本科一年级学生，处于大学英语学习第二学期，语言有了一定积累，能基本对比、比较事物的相同点和不同点 2. 学生存在学习困难。系统地掌握比较和对比策略有助于学生日常表达和写作，但大部分学生往往表述不清，缺乏系统性，逻辑思维混乱 3. 学生有学习需要。大一学生正是知识积累、准备与外界交流的阶段，掌握比较和对比的策略和知识，有助于学生逻辑思维的训练和表达
内容分析	1. 内容选取 本微课课程主要从写作方面，阐述比较和对比的三步走策略 第一步即头脑风暴相似和不同点，并且利用可视化图表将各种观点形象表达出来 待相同点和不同点已定，便进入第二步，选择合适的模式来将观点系统、逻辑地串联起来。有两种主要模式：一种是按比较对象为主要脉络表达，另一种为按不同点的分类表达。有了清晰的模式，可以清楚地了解比较的顺序 接着第三步，选择合适的连接词来连接相同点和不同点。这样我们可以更有效地识别相同点和不同点，也能更好地理顺文章脉络 本微课通过比较身边的学生为例引入话题，接着比较文科生、理科生的不同点来加深对比较模式的理解，通过比较毕业后就业意向，比较大公司、小公司的相似点和不同点来练习三步走策略，课后通过比较和对比网络学习和传统学习来巩固本课知识和技能。本微课所选例子均贴近学生实际，能更好吸引学生注意力，并学以致用 2. 教学重难点 教学重点：掌握对比比较三步走策略，形成条理性思维 教学难点：运用点对点模式和对比较对象模式条理性地表达出来
【教学方法】	
讲授法	对于本课难点的处理，结合简易图表进行讲授，使学生更直观、有效地理解
启发法	问题设置由浅入深，环环相扣，启发学生思考和行动
情景模拟法	创设具体情境，学生进行角色带入，加深学生理解，帮助学生进行知识迁移

续表

【课程资源】		
参考教材	刘正光，邓媛．新目标大学英语系列教材（第二版）：综合教程 2［M］．上海：上海外语教育出版社，2021：32-57.	
【课程资源】		
网络资源	1. 搜狐网丨阅途方法丨 Compare and Contrast https：//www. sohu. com/a/298165931_120020346 2. 百度文库丨 Compare and Contrast https：//wenku. baidu. com/view/b0eeebf0f021dd36a32d7375a417866fb94ac048. html 3. 第 1ppt 网 http：//www. 1ppt. com/	
【教学过程】		
教学环节	教学活动	设计意图
（一） 引入 34 秒	情景模拟：通过对比身边的同学，引入身边需要对比和比的案例	用身边情景激发学生学习兴趣
（二） 知识讲练 5 分 38 秒	1. 通过归纳法，结合练习讲解第一步，运用可视化图表进行头脑风暴 2. 通过案例，运用演绎法讲解第二步，即选择合适的模式系统逻辑地表述观点 3. 回顾案例，总结用到的连接词并进行拓展	由浅入深，逐步细化
（三） 练习巩固 1 分 4 秒	毕业后，你选择去哪里工作：大公司还是小公司？贴近学生实际，引导学生三步走，进行比较与对比三步策略	学以致用，在具体情景中运用三步策略
（四） 总结 25 秒	总结本课学习脉络及重难点	总结升华
（五） 布置作业 14 秒	贴近生活，布置作业	巩固拓展 反思提高

续表

【教学特色与亮点】	
以生为本	本课设计注重以生为本，探讨了比较与对比的主要途径，选取的案例与学生生活、学习紧密相关
讲练结合 知行合一	本课设计由浅入深，层层深入，每一个知识点都附有相关案例，真正做到讲练结合，知行合一
培根铸魂 终身受益	学生通过本课学习，能理解客观分析事物的策略和观念，形成实事求是、批判性思维，提升综合素质，终身受益
【其他】	
声音来源：视频第一负责人及学生（共 4 人）	

逐字稿案例分享

Lisa：Tom and Jack are boys from the southern part of China，but it seems that they come from two different worlds.

Gina：Yes，Tom is tall and is a little overweight. He looks cute and friendly. While Jack is tall and thin，he is shy and looks a little timid，but he is friendly to others.

Jenny：I agree. Different from Jack，who likes to listen to music，Tom is fond of playing ping-pong. Moreover，Tom is talkative whereas Jack is introverted.

Lisa：Although they are different in many ways and make a weird match when they are together，they are good friends now.

When we compare two things，we show how they are similar；when we contrast two things，we analyze how they are different.

The ability to compare and contrast is indispensable in our life and study，but few of us can illustrate very explicitly. Therefore，in this class，we will learn the skill to compare and contrast so as to understand each of the two things more clearly and，at times，to make better judgments about them. Hopefully，you can write a comparison and contrast paragraph after learning this lecture.

The first step we should do is to brainstorm the ideas, we can use graphic organizers to visualize our ideas, such as Venn Diagram, double bubble map, T-chart, and matrix. The most popular one is Venn diagram.

Now, do you remember the similarities and differences between Tom and Jack? Let's fill in the Venn diagram together.

First of all, what are the similarities?

Yes, they are both from the southern part of China. Like Tom, Jack is tall and friendly.

Secondly, what are the differences?

As for appearance, Tom is overweight, while Jack is thin. In terms of personality, Tom is cute and talkative, however, Jack is shy, timid, and reserved. When it comes to hobbies, Tom prefers to playing ping-pong, conversely, Jack tends to listen to music in spare time.

With this diagram, we can get to know the details very clearly.

If you usedouble bubble map, you may end like this:

And the brainstorm with T-chart may look like this:

In addition, matrix can also be helpful. The following compare / contrast matrix helps visualize the differences between students of science and students of art. Now, please choose proper expressions from the following box to fill in the table.

Here, we can know clearly that Students of science are inclined to be logical and rational, they are good at fixing and repairing, and they learn math very quickly. Nevertheless, students of art are more emotional and perceptual, they have difficulty in learning math but they are very good at memorizing.

With the graphic organizers we can visualize our ideas clearly, but when we are going towrite down these ideas, how should we express logically and systematically? The answer is, to adopt a pattern. That is the second step to compare and contrast.

There are two major patterns. One is calle dpoint-by-point pattern. In this pattern, one discusses each similarity and each difference in certain order of both subjects. While we were comparing the differences of Tom and Jack, we talked about their appearance, personality and hobbies respectively.

The second pattern we can adopt is subject-by-subject pattern.

In this pattern, one first discusses all the points of one subject and then all the different points of another subject. While we were explaining the differences of students of science and art, we discussed the ways of thinking, strengths and weaknesses of students of science first and then the three different points of students of art.

So far, we can brainstorm the ideas clearly with graphic organizers, we can also write down the ideas systematically with proper patterns. Then, how should we explain the details more explicitly within a pattern? The key is to choose suitable connectives. That's what we will discuss in the last step.

While we were comparing Tom and Jack, what connectives did we use?

Yes, for similarities, we used "both A and B". For differences, we used "while", "however", and "conversely".

What arethe connectives we used to compare students of science and art?

We used nevertheless.

Besides these, there are more connectives we can useas reminders to refresh readers' memory.

Up to now, we've learned the three steps to compare and contrast. Let's take a practice.

If we are required to decide which environment is fit for us after graduation: a large corporation or a small business, we can follow the three steps.

The first step, to visualize the ideas with a Venn Diagram.

With these ideas in the diagram, we can write more efficiently. Then, the second step, we choose a pattern, here we use subject-by-subject pattern. It works better when only a few aspects are considered, whereas, point-by-point pattern is more suitable when many aspects are considered.

In the last step, what connective can enable the readers to identify the turn of our topic?

Yes, there are many choices like "On the contrary, In contrast, Conversely, Nevertheless" and so on. The connectives are the markers that enable us to follow the discourse more closely.

Today, we've learned how to a compare and contrast. We can make use of graphic organizers to help us brainstorm and visualize our ideas, then we can choose a pattern to embrace and write down the ideas, at last, with proper connectives, we can illuminate the similarities and differences more clearly.

After class, please develop a paragraph to summarize the differences between traditional learning and online learning.

That's all for this class, bye!

（二）全国高等学校外语微课优秀作品征集与交流活动案例二

表 2-7　2022 年全国高等学校外语微课优秀作品征集与交流活动案例分享

教学设计方案

微课标题	古代健康节	所属课程	大学英语
对应教学单元及名称	Unit 4　Historical Figures	素材来源	文库+知网+团队创作
授课对象	非英语专业本科生	授课时长	7：40
教材名称出版社	王海啸，余渭深．新大学英语综合教程·辨思篇［M］．北京：高等教育出版社，2014.		
一、教学背景			
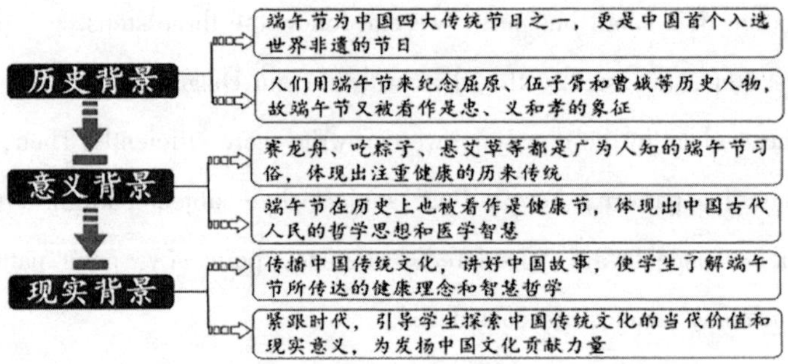			

续表

二、教学目标
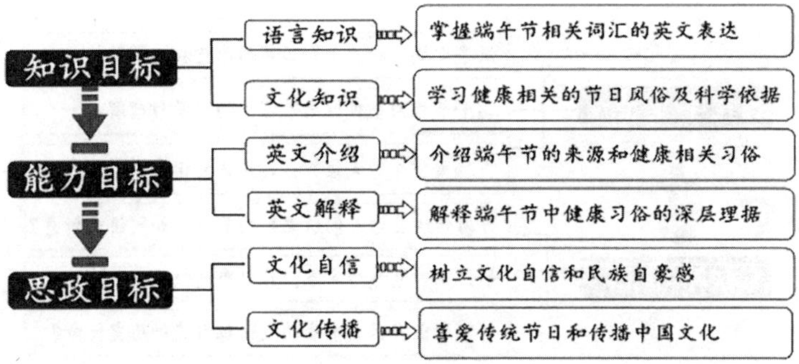
三、教学分析
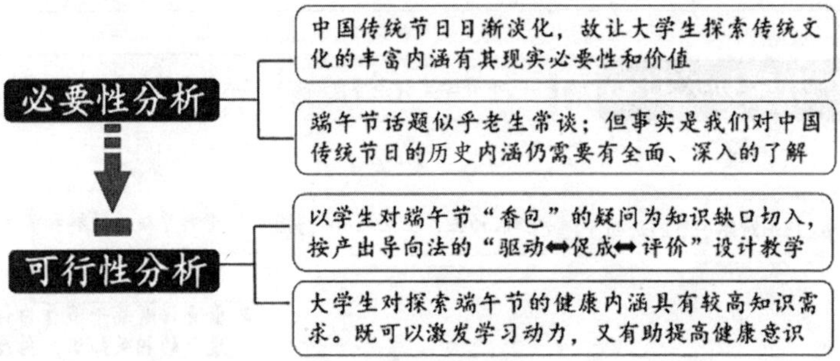
四、教学内容
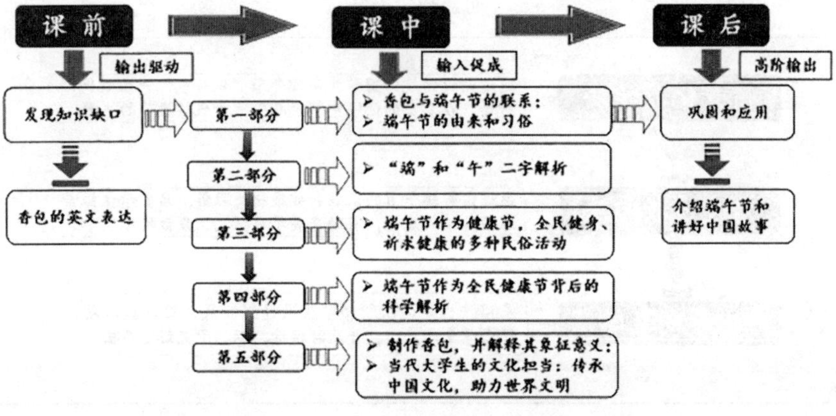

续表

五、重点难点分析

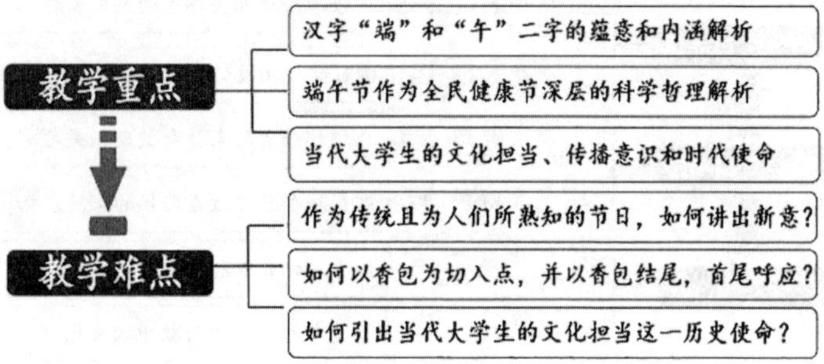

六、教学切入口

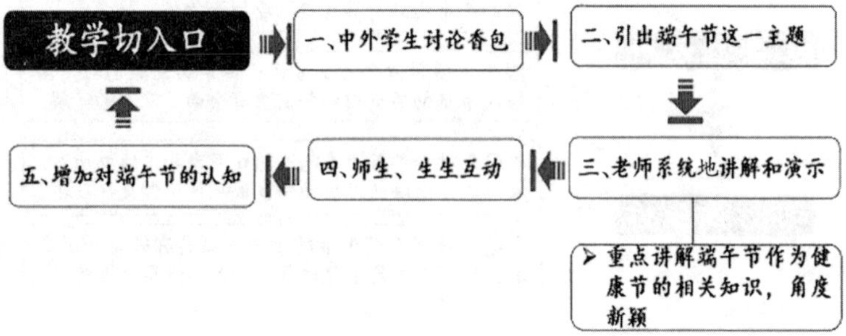

七、教学方法

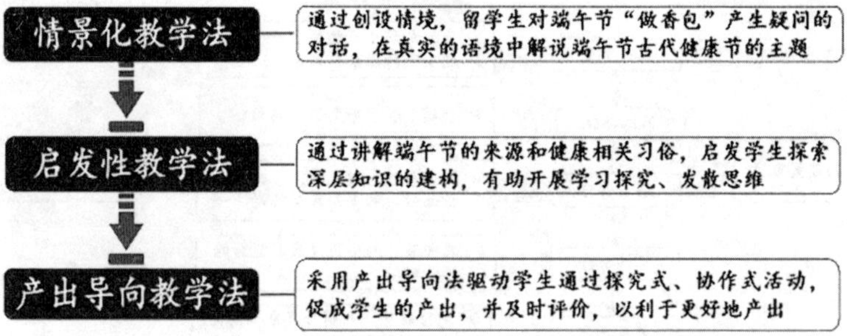

续表

八、教学过程（含时间分配）

本微课以留学生对端午节“香包”的疑问为切入点，依据产出导向法（POA）（文秋芳，2018）的“驱动”“促成”和“评价”三环节来设计教学
驱动环节：通过介绍留学生对端午“做香包”的疑问形成问题驱动，形成学习差距感和饥饿感，激发学生的学习兴趣；
促成环节：介绍端午节的历史来源，阐述端午节健康活动的习俗，以及折射出的中国古典哲学和中医学原理，以及四大疗法，提供“脚手架”的支持服务，并引导学生探究问题，进行主动建构；
评价环节：由教师提供评价标准，引领学生参与评价，生生评价和师生评价相结合，深化和巩固学习内容，培养自主学习能力，形成学习N循环，最终学以致用

教学阶段		教学内容	教学环境	能力培养
课前	输出驱动	1. 下发导学告知，明确学习重难点 2. 学生尝试产出，发现知识缺口	线上教学	自主学习
课中	输出促成	1. 以成果达成为目的，引导思考 2. 修改原来成果，提高批判思维	线下教学	批判思维
课后	精准辅学	1. 依托知识重点，布置延伸性学习 2. 完成本课学习反思日志	线上教学	批判思维
	以评为学	1. 转变教学评价，促进科学评价 2. 有机结合多种评价方式和数据	线上教学	自主学习 批判思维

具体环节安排如下：

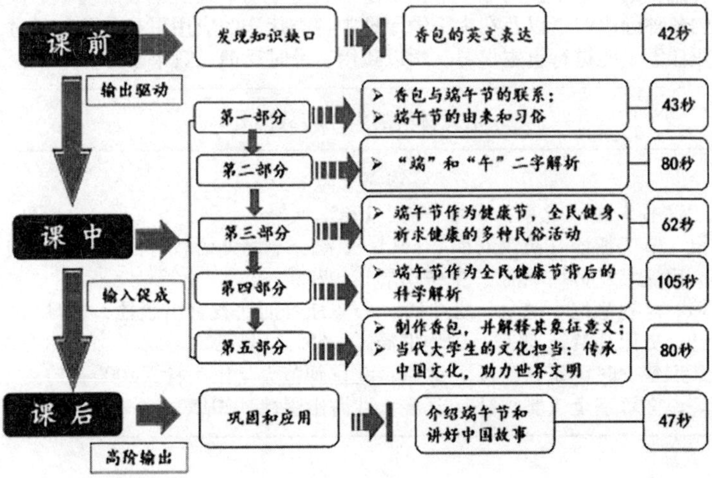

续表

九、教学亮点

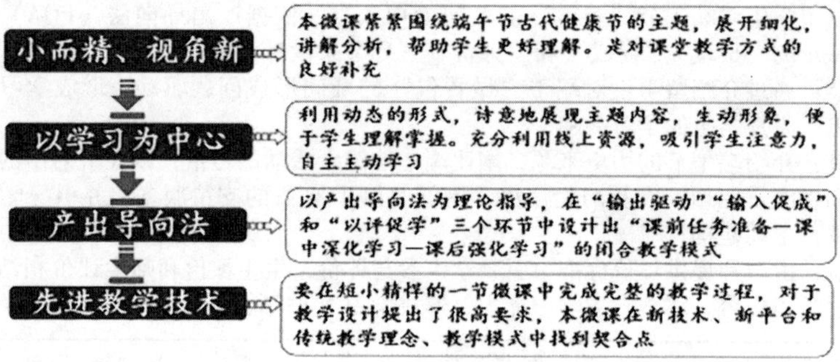

教学反思

本微课以产出导向法为指导，首先通过介绍中外学生对端午节“做香包”的疑问为起因，介绍端午节相关的历史来源，激发学生的学习兴趣；采用讲解与情景相结合的组织形式，引导学生主动探索端午节的起源、医学原理，使本微课的重难点得以有效解决；学生通过反复观看本微课，提高学生健康意识和对中医学智慧的敬畏感，同时证明世界命运共同体的理念，让学生在沉浸式的学习体验中，成为中国传统节日的传承者和推广者，这也达成了本次微课的情感目标

微反馈

通过微课学习，学生不仅理解了端午节的传说和演变；还了解了端午节的健康习俗；还使学生能够用英语介绍中国的端午节；并能养成良好的个人卫生健康习惯，尤其是，端午节引申的各种健康习俗以及在中医学原理中各类疗法的应用更显重要。通过问卷星设置自测作业让学生能进行自主学习，学以致用，及时反馈，效果较好

相关材料的引用转载出处

参考文献

[1] 班固．汉书［M］．北京：中华书局，1965.
[2] 盖国梁．节庆趣谈（英汉对照）［M］．上海：上海外语教育出版社，2010（3）
[3] 范晔．后汉书［M］．北京：中华书局，1974.
[4] 周光培．汉魏笔记小说全一册［M］．石家庄：河北教育出版社，1994.
[5] 司马迁．史记［M］．北京：中华书局，1965.
[6] 萧放．荆楚岁时记研究［M］．北京：北京师范大学出版社，2000（1）
[7] 许慎．说文解字全 4 册［M］．辽宁：辽海出版社，2015

该案例选题新颖，有学生互动，也有现场制作实践环节，符合学生认知规律。获得了2022年高等学校外语微课征集与交流活动全国一等奖。下面是逐字稿案例分享。

(Lead-in)

ForeignStudent：Wow！Sherry. Why are you wearing this beautiful ancient costume today?

ChinesStudent：Oh，Layla. It is because I have taken part in the school activity to celebrate the Dragon Boat Festival，and look what I have received as a prize.

ForeignStudent：Wow！congratulations！I remember my Chinese friend shared Zongzi with me on that special day. But what is this?

ChinesStudent：It's Xiangbao in Chinese. But sorry，I don't know how to say it in English. Let's ask our teacher，Miss Emily.

(Introduction)

Teacher：It is called a sachet.

(Students together)：A sachet.

Teacher：Yes，Sachets are small pouches filled with fragrant herbs. They are made during the Dragon Boat Festival to help purify the air，and thus protect people's health.

The Dragon Boat Festival is thought to be a festival invoking people's patriotism，loyalty，and filial pietyexemplified by Qu Yuan，Wu Zixu and Cao E. However，if we trace its traditions back to ancient China，we may find it means more than that.

This festival also embodies our aspirations for keeping fit. It's even taken as a "health day".

ForeignStudent：Health Day?

Teacher：Yes. Let's find out how and why it became a "health day".

(Analysis)

Teacher：In Standard Chinese，It is pronounced as 端午节."端" is picto-phonetic character. The left and radical part means a person standing straight， indicating the beginning of humankind, and the right and phonetic part means a newly-sprung grass sprout from the earth, also indicating the beginning of a new life. Therefore, "端" is literally translated to "the beginning".

And "午" can be considered as a reference to time, meaning noon or midday from 11 to 13 o'clock. Interestingly enough, it is also a homophone of the number five in Chinese, explaining why it falls on the fifth day of the fifth month according to the Chinese lunar calendar.

(Practices)

However, according to the Gregorian calendar, the Dragon Boat Festival always falls in June when it isfull of intense hot and humidity. In this light, various health customs have been practiced till now, one of which is wearing sachets.

Parents would dress their children up with sachets to wish for blessings andthe removal of diseases. Similarly, parents would paint the Chinese character "King" with realgar wine on children's heads. And bathing in orchid water is quite beneficial for skin. Hanging mugwort and calamus is also commonly practiced because both of them have antibacterial functions. And people would collect various herbs because it is believed that the herbs collected on this very day can have the best effects. Other practices include sweeping the yard and sprinkling realgar wine around all of its four corners to get rid of insects.

(Scientific explanations)

ForeignStudent: I always feel fascinated by Chinese culture. That is why I've come a long way to China to learn and experience these things firsthand.

But do these practices have any scientific explanations?

Teacher: Certainly! All these practices can be traced back to ancient Chinese philosophy and traditional Chinese medicine, representing the wisdom of the Chinese people in maintaining health.

According toancient Chinese philosophy, humanity and nature are closely connected to form a single whole. Thus, environmental factors such as changes in seasons are reflected in your body. And for traditional Chinese medicine, the golden rule is that "prevention is the best cure" . Hence, do not ignore symptoms of your health till something more complicated arises.

Accordingly, there are four health therapiesreflected in the Dragon Boat Festival: environmental therapy exemplified by bathing in orchid water and hanging mugwort and calamus to adjust to the midsummer climate; diet therapy by eating zongzi because dates, glutinous rice and bamboo leaves are full of nourishment; exercise therapy by holding dragon boat races to restore the dynamic balance of your body energy; and of course, herbal medicine therapy by collecting herbs and making sachets to dispel insects and pests.

(Making sachets)

ForeignStudent: Oh, I wish I could have a sachet, too.

Teacher: Then let's make sachets together!

ForeignStudent: Yeah, now I've got a sachet, too. I can put it in my room to repel pests.

ChinesStudent: Actually, nowadays, we also express our blessings by sending sachets to each other. So, I'd like to give this special one to you.

ForeignStudent: Wow, thank you so much. I want to send sachets to my family, too. And tell them the interesting ways Chinese people celebrate the Dragon Boat Festival.

(Implications)

Teacher: A sachet stands for not only health and blessings but also friendship and love among people—even those from different countries.

As college students in the 21st century, we should know our culture well and preserve it. We should also bring our culture onto the world stage and make the world a better and happier place to live in.

(Assignments)

As for your assignments, you are expected to introduce the Dragon Boat Festival to at least one of your foreign friends and then write an essay to share opinions on how to inherit Chinese culture and tell China's story as college students.

That's, thank you for your attention, and see you next time.

微课的制作与教师的信息素养有很大关系，教师要提高自己的“搜商”，从网络上选择合适的素材和工具。素材可以从第一 PPT 网（模板免费下载）、雷锋 PPT 下载 PPT 模板，去百度、必应等搜索引擎搜索拓展资料，好看视频、bilibili 等寻找合适的视频补充材料。图片编辑可通过美图秀秀，视频编辑可通过剪映完成。值得注意的是，近几年微课不仅在选题和内容上需要精心打磨，呈现形式上，如果有学生入镜真实参与，或者以真实场景的情景剧插入，将知识点融入真实的交际当中，会更加吸引评委。当然，所讲内容和选题仍然是最重要的。如 2021 年全国高等学校外语微课优秀作品征集与交流活动一等奖刘艳艳老师的“How to Make Data Commentary?（如何进行数据描述性分析）”，其教学内容具有高阶性，切实解决了学生的痛点、难点，没有多么先进的技术穿插，没有教师或学生出镜，仅结合 PPT 讲解，仍然获得了评委赞许。所以教师在日常教学中要积累学生们感兴趣的点，注意学生反馈，积累教学痛点，对症下药，制作微课逐一击破，才是微课的初心，才能取得良好的成绩。

第六节　全国高等院校英语教师教学基本功大赛内容选取

全国高等院校英语教师教学基本功大赛的评比项目较多，包括实录课、微课以及说课。微课的内容选择在上一小节“外语微课优秀作品征集与交流活动内容选取”已进行说明。实录课在某些省份的青年教师教学竞赛的初赛以及外研社“教学之星”大赛的初赛和复赛均有涉及，说课在“外教社杯”全国高校外语教学大赛、“教学之星”大赛、“外语微课优秀作品征集与交流活动”总决赛会有所涉及，但因为不是主要部分，均没有作特殊说明。然而，实录课和说课在“英语教师教学基本功大赛”中为单独组别，因此，在此部分作详细解释。

一、优秀课例评比 · 实录课

（一）内容选择与准备

实录课的教学时长一般为45分钟左右，要求有学生真实参与，教学内容的设计可能要比平时更加丰富。教学内容的选择，一般从上课最有感触，最有灵感、学生反馈最好的课堂实践中挑选。如果有指定教材，则选择易导入、趣味性强、易升华、最符合学生特色的章节。

条件允许的情况下，教学设计和PPT都准备好后先在传统课堂上实践几轮，收集学生反馈，不断改进。正式录课前，老师也可以写出脚本，到哪个环节指定哪位学生回答问题，以防课堂冷场的情况发生，同样，录课前也要与学生沟通好。

当然，经验丰富的老师会发现，虽然有逐字稿，可能真正上课的时候或录课的时候一些细节的用词总会有变化，总会有突发状况需要灵活处理。因此，按照教学设计，带领同学们熟悉大致流程，哪些问题哪些同学回答，事先预设好，就可以了。教师最终还是要加强基本功，来应对各种突发状况。加强与学生的沟通，使学生不至于太紧张，不敢回答突发问题。

（二）拍摄与切换

课堂实录课一般会选在学校或学院专门的录播室，各个录播室条件不一样，有的可以切换学生镜头、教师镜头、板书带教师镜头、教室全景镜头、PPT镜头等，有的可以跟踪教师录像，并实现多角度切换等。因此，教师在进行拍摄前要思考，什么内容用到什么镜头会达到最好效果，打印PPT，并标注出讲到哪里需要什么镜头，交给负责录像的工作人员，就如同拍摄的脚本。

录课还要防止各种突发状况发生，教师可设置一个表格，检查各项隐患是否已排除，如表2-8所示。

表 2-8 实录课录课前检查清单

检查项目	待办清单
门窗	门窗是否关闭，窗帘是否拉上 门口挂上“请勿打扰”的提示牌 安排学生在门口以防有人敲门等
手机	提醒学生手机静音，并且闹钟关闭
翻页笔	提前充好电
麦克	麦克是否电量充足
学生排座	是否有出镜头、遮挡严重情况

检查好之后，教师拍摄时也要注意以下方面。

教师学生着装：授课教师最好化淡妆，穿着正装或大气服装；学生衣着干净整洁，不夸张。教师表达神态方面，应当保持表情自然，不显得紧张，眼神应专注于镜头、学生，避免频繁眨眼或目光游移。沟通方面，需要与摄像师进行有效交流，明确自己的上课习惯、肢体动作和手势偏好，及时沟通所有录制内容的变动，以及在讲课状态不佳时要及时调整。在讲解过程中，应保持流畅、清晰地吐字，避免口误，减少口头禅，如出现断断续续或失误，需要进行重录，当思路不清晰时可暂停，待理顺后再重新开始。在动作方面，手势可以有，但不宜过于夸张，身体应保持稳定，避免摇晃，动作幅度不宜过大，需注意避免不雅的小习惯，同时要控制紧张时的小动作。

拍摄完成后，可根据通知的章程要求对视频稍加编辑。如果规定不能剪辑，可将视频掐头去尾，保持完成性。如果通知保持视频流畅性，可在中间剪出某些不顺畅的节点，但要保证剪切前后的流畅性和完整度。比如，如果剪切前教师站在黑板前，剪切后教师就已经到了学生中间，这样就极不顺畅。

（三）案例设计分享

高等院校英语教师教学基本功大赛初赛对内容时长有要求，对教材选择没有要求。因此，可选择平时上课最顺手、最精彩的片段。下面是 2023 年全国决赛一等奖教学设计分享。

表 2-9　2023 年高等院校英语教师教学基本功大赛全国决赛一等奖教学设计

<table>
<tr><td>题目</td><td colspan="3">Einstein and What Music did for his Genius</td></tr>
<tr><td>课程名称</td><td>大学英语（A）</td><td>所选章节</td><td>Unit 3 Text A</td></tr>
<tr><td>授课对象</td><td>计算机科学与技术专业本科一年级</td><td>教学时长</td><td>45 分钟</td></tr>
<tr><td colspan="4">【总体设计】</td></tr>
<tr><td colspan="4">
</td></tr>
<tr><td colspan="4">【课程定位】</td></tr>
<tr><td colspan="4">“大学英语（A）”是高等院校所有本科一年级学生的必修课程，它既是一门语言课，又兼具人文性和工具性。它不仅要培养学生扎实的英文基本功，更要提高学生的人文素养，以满足学习工作的需要，满足国家和社会发展的需求</td></tr>
<tr><td colspan="4">【教学思想】</td></tr>
<tr><td colspan="4">教学思想要随着时代的进步而发展。信息社会，大学英语课堂要充分跟上时代发展和学生特点，将与学生生活不可分割的手机运用到课堂教学活动中，充分利用信息技术和设备，改进教学方法、凝练教学内容，打造“金课”，切实提高课程教学质量</td></tr>
<tr><td colspan="4">【教育理念】</td></tr>
<tr><td>教师主导，学生主体</td><td colspan="3">本课主张以教师为主导，学生为主体，发挥教师的“脚手架”作用。课前、课中和课后通过任务式、探究式和启发了性的活动设计，激发学生兴趣，提高学生自我探索和解决问题的能力</td></tr>
<tr><td>学用一体</td><td colspan="3">本课英语教学体现了学以致用、用以促学的理念，使学生在应用的过程中发现问题、解决问题</td></tr>
<tr><td>全人教育</td><td colspan="3">本课不仅启发了学生探索知识、深入思考，更以分析迷信为切入点，鼓励学生树立科学客观的事物观和价值观，树立以马克思主义唯物辩证法为主的科学的价值观</td></tr>
<tr><td colspan="4">【教学目标】</td></tr>
<tr><td>知识目标</td><td colspan="3">运用最高级来描述事物</td></tr>
<tr><td>能力目标</td><td colspan="3">遵循 POAT 步骤和 3Cs 原则进行例证写作</td></tr>
<tr><td>思政目标</td><td colspan="3">辩证思考天才和努力以及坚持之间的关系；反思中国传统音乐的复兴和创新</td></tr>
</table>

续表

【教学分析】	
学情分析	1. 学生有自己的认知水平和能力状况。本课授课对象为本科一年级学生，处于大学英语学习第一学期。有一定语言积累，已经初步养成自主学习和小组合作学习的习惯 2. 学生存在学习困难。本课涉及对音乐和天才两个概念的理解不一，而两者的联系少之又少，并且运用举例法进行写作也是比较困难的地方 3. 学生有学习需求。大一学生是知识积累、准备与外界交流的阶段。本节课不仅能使学生掌握举例法写作的要领和方法，有助于学生日后交流和运用，也能使学生树立科学的世界观和价值观
内容分析	1. 内容选取 本课内容具有典型性和高阶性。本课主要聚焦音乐与爱因斯坦之间的关系，音乐是爱因斯坦持久的陪伴，是他生活所有乐趣的来源，也是激发灵感、造就天才的重要因素。文本中对于例证的写作极具高阶性 2. 教学重难点 本课时教学重点在于掌握三种表示最高级的方式，并能将其运用到具体写作当中； 本课时教学难点在于运用举例法写文章，进行实时产出
【教学方法】	
讲授法	重点的处理，针对学生的讨论结果，结合图片进行总结，使学生更直观、有效地理解
讨论法	结对讨论和小组讨论，探讨问题答案，互相合作，共同探究
探究法	创设具体任务，学生运用所学知识探究其在某一场景的运用。加深学生理解，帮助学生进行知识迁移
【教学手段】	
本课主要采用线上线下混合模式和多元情境化教学。课下，学生利用教材配套网络资源 WE Learn App 进行自主学习。课上，使用超星学习通 App，课堂活动更加高效便捷。另外学生也充分利用有道词典、各种搜索引擎等学习工具进行信息检索	
【课程资源】	
参考教材	刘正光，彭珮璐．新目标大学英语系列教材（第二版）：综合教程 1［M］．上海：上海外语教育出版社，2021：62-87.
教学软件	1. 网络自主学习软件：WE Learn App 2. 课堂教学软件：超星学习通 App、iWrite 写作平台 3. 资源搜索软件：有道词典、百度等

续表

【板书设计】

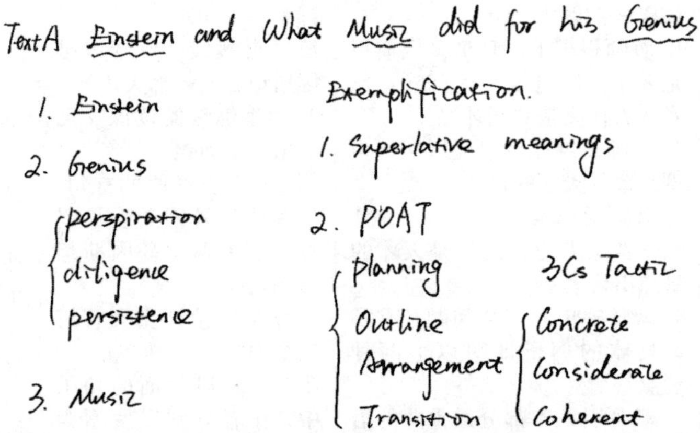

【教学过程】

教学环节	教师活动	学生活动	设计意图
(一) 项目启动 1 分钟	1. 单元产出项目阐述 交际场景：校年度音乐周 单元任务：回答外国留学生的疑问，你们喜欢听什么音乐，能介绍更多中国音乐吗? 2. 本节课产出子项目阐述 回答留学生朋友的第一个问题：你最喜欢听什么音乐	学生初步构思本节课产出任务	驱动：树立本节课学习目标，明确完成步骤，激发学习动力
(二) 驱动 2 分钟	1. 教师引导学生从标题中找出文章的三个关键词 2. 文章第一个关键词探索：爱因斯坦，教师播放视频让学生欣赏爱因斯坦小提琴演奏，激发学生对于爱因斯坦与音乐关联的思考和兴趣 3. 教师点评，补充相关信息	1. 学生从文章标题得出本文的三个关键词：爱因斯坦、天才、音乐 2. 学生观看视频，讨论爱因斯坦相关信息 3. 学生思考音乐与爱因斯坦天才表现的关联	驱动：引入话题，了解学生目前的知识储备， 找出知识差，激发学生学习动力，有助于进一步教学

续表

<table>
<tr><th>教学环节</th><th>教师活动</th><th>学生活动</th><th>设计意图</th></tr>
<tr><td rowspan="3">(三)
阅读
7 分钟</td><td>了解例证说明文章第二个关键词探索：天才
1. 教师根据上一环节爱因斯坦是天才，提出第一个问题：作者认为什么是“天才”？
2. 教师总结作者以爱因斯坦为例来解释天才的含义
3. 教师提出第二个问题：为什么作者认为爱因斯坦是天才的最杰出代表？
4. 教师提出第三个问题：有哪些具体的例子证明以上两种观点？
5. 教师引入本部分最重要的语言点，最高级表达：普通形式、带有否定的最高级表达形式、其他形式。鼓励学生运用最高级形式和其他形式进行例证写作，尤其是主题句书写
6. 教师点评学生练习答案并作补充</td><td>1. 学生阅读课文回答教师第一个问题：
第一自然段，作者以爱因斯坦为例解释天才
2. 学生继续阅读课文回答第二个问题
第二、三自然段的首句，作者认为爱因斯坦最受尊敬和爱戴，爱因斯坦最受欢迎
3. 学生阅读课文回答第三个问题：
第二、三段后面的句子中，作者分别以发型为例、以披头士和牛顿为比较举例说明
4. 学生认真听老师讲解最高级的表现形式，做笔记，并完成相应的填空练习、同义替换练习和翻译练习</td><td rowspan="3">语言促成：
教师设计层层递进的问题，抽丝剥茧使学生掌握举例写作的相关表达及要点，积累与音乐相关的词汇等
思政融入：
练习例句选择与我国国歌、传统音乐、我国民歌有关内容，有利于增强文化自信，更好地讲好中国故事
强调勤奋和坚持的重要性，使学生树立正确的人生观和价值观
通过中国科学家和音乐的故事，激发学生对音乐美的追求</td></tr>
<tr><td>思考何为天才，文章第二个关键词探索：天才
1. 教师提问学生自己的理解：何为天才，什么造就了天才？
2. 教师引导学生了解努力对于成就人才的重要性，鼓励同学们要有信心和恒心，只要努力就会有所成就</td><td>1. 小组讨论，回答问题
2. 讨论努力对于天才和成才的重要性</td></tr>
<tr><td>探究天才与音乐，文章第三个关键词探索：音乐
1. 教师引导学生在原文找出音乐对爱因斯坦重要性的描述，点评学生答案
2. 教师引导学生探索中国科学家与音乐的渊源和故事</td><td>1. 学生快速浏览全文，找出音乐对爱因斯坦重要性的线索并回答问题
2. 小组讨论、头脑风暴或网上搜索信息，将答案发布至学习通，由一名代表上台阐述</td></tr>
</table>

续表

教学环节	教师活动	学生活动	设计意图
（四） 写作指导练习 5 分钟	1. 教师引导思考，自己与音乐的故事：哪种音乐能够直击灵魂？ 2. 教师指导例证第一步 P：(Planning) 规划，分类总结不同音乐及不同感情 3. 教师指导例证第二步 O：(Outline) 掌握段落两种概要结构，单个例证、多个例证 4. 教师指导例证第三步 A：(Arrangement) 合理选择例证（引用、故事、数据）以及遵循 3Cs 原则，即具体（concrete）、体贴（considerate）、连贯（coherent） 5. 教师指导例证第三步 T：(Transition) 过渡衔接词的选择和运用 6. 教师公布写作范文，引导学生点评写作要领 7. 教师公布段落书写评价标准，鼓励同学们选出自己最喜欢的段落，教师总结点评学生更新之后的答案 8. 教师宣布本节课产出目标达成	1. 学生投票自己最喜欢的音乐种类及不同情感表达词汇 2. 学生根据例证概要起草书写段落 3. 学生完成选词填空，练习衔接词的运用 4. 学生进行学习通在线完善所写段落 5. 学生选出自己喜欢的作文，教师引导学生根据评分表进行生生互评	结构促成： 通过搭建“脚手架”，促使学生掌握例证的主要方面 思政融入： 通过引入红军爬雪山过草地的事迹练习，增强道路自信和传承革命奋斗精神 练习引入增强体育锻炼的重要性，培养学生健康生活方式的意识
（五） 批判思考 3 分钟	1. 教师播放二胡传承人陈依妙的二胡演奏，增强文化自信；引发学生思考中国传统音乐的复兴问题 2. 教师引导学生结合专业讨论：作为计算机专业的学生，可以为传统音乐做些什么	1. 学生欣赏二胡演奏，思考中国传统音乐的复兴之路 2. 学生小组讨论专业与传统文化的结合：利用科学技术修复古代乐谱，工尺谱；利用 AI 技术修复、发扬传统音乐	内容促成，思政融入：通过二胡视频片段的播放，以及结合自身专业，增强学生民族自豪感，增强对复兴传统文化的使命感
（六） 总结反思 1 分钟	教师回顾总结本课重难点	学生根据教师所给量表，自测掌握情况	评价： 总结反思

续表

<table>
<tr><th>教学环节</th><th>教师活动</th><th>学生活动</th><th>设计意图</th></tr>
<tr><td>（七）
作业
1 分钟</td><td>1. 分小组预完成本单元第二个产出子任务，介绍中国音乐
2. 探索与想象：和科技结合的音乐的未来会是如何？
3. 完成 relearn 上预习任务</td><td>学生记笔记，记录相关作业级要求</td><td>写作巩固，预习预热</td></tr>
<tr><td colspan="4">【教学评价】</td></tr>
<tr><td>课中</td><td colspan="3">1. 教师评价。教师形成性评价贯穿课堂始终。学生个体完成任务，教师及时给予口头点评反馈，使学生及时发现问题、解决问题。学生小组任务，教师口头评价反馈，还会进行课堂教学软件评分反馈
2. 同伴互评。学生讨论结束，由学生评价对方表现，进行互动评价</td></tr>
<tr><td>课后</td><td colspan="3">1. 教师评价。教师评价结合了多方面的数据和记录
一是教师课堂记录，对于回答问题同学的记录与反馈，进行小结
二是来自课堂教学软件（学习通）的数据，课堂积分这些数据客观地反映了学生课堂总体参与情况，教师可以利用这些课堂软件积分排名对学生在本课的参与度作整体的评价
2. 学生自评。学生通过软件评分和教师反馈，自行查漏补缺</td></tr>
<tr><td colspan="4">【教学亮点】</td></tr>
<tr><td colspan="4">本教学节段以学习为中心，以文秋芳教授的产出导向法为指导，学生小组合作进行探究式学习，教师在教学过程中起引导作用，在结构、内容、语言方面搭建“脚手架”，并且让学生学以致用，真正做到以学促教
结构上，教师引导学生掌握例证写作模式的主要内容大板块
内容上，教师引导学生欣赏音乐之美，辩证思考天才和偶像，树立坚定信念，培养不懈奋斗的精神，同时增强对中华传统音乐的热爱和责任感
语言上，学生掌握与音乐有关的相关句型以及词汇表达
本教学阶段的亮点是真正做到以学促教，发现学生问题，进行内容、结构和语言的“脚手架”搭建，引导学生逐步解决问题，效果立竿见影</td></tr>
</table>

需要注意的是，初赛要求 45 分钟，进入决赛之后，现场有生授课时长为 25 分钟，没有明确规定是否为初赛授课节段。但大部分老师仍选择初赛教学节段，如果继续选用初赛录课节段的话，需要删除部分内容，仅保留核心内容和主线，在自己班里多练习，最终确定保留内容。以上述内容为例，教师仅保留主线最高级的课本表达方式，POAT 四部写作产出与生生互评，二胡视频引发对传统音

乐复兴的思考，其余的练习如驱动阶段的视频播放已删除，另外，阅读对于最高级表达，没有扩展其他形式，紧跟课本，练习形式也改得简单许多。思考天才与音乐部分，仅保留对课本深挖部分，小组讨论展示缩略成教师补充案例。写作指导练习部分过渡词选择练习省略，计算机专业知识赋能传统音乐部分省略。仅保留核心部分，没有影响学生高阶知识的学习和运用，同时也体现学生产出，生生互评，思政升华，也有充分的时间给学生思考、表达观点。

二、优秀课例评比·说课

（一）内容选择

说课是指教师在深入研究教材和大纲、做好备课的基础上，在没有学生参与的情况下，以口头形式系统阐述某节课的教学设计及其理论基础，以供同行和教研人员参考和交流（罗晓杰，2005）。

说课的核心思路涵盖“教什么”“怎么教”和“为什么这样教”。其中，“教什么”要明确课题、章节和内容，进行教材分析；“怎么教”需要阐述教法、学法和教学手段，描绘课堂教学的结构、步骤，以及师生在各环节的关键活动；而“为什么这样教”则要说明理论依据，包括大纲、教材、学情，以及学科教学论、语言学、教育学和心理学等方面的支撑。在全国高等院校英语教师教学基本功大赛中，说课项目要求教师在规定时间内（10～15分钟）简洁、准确、生动地阐述自己将要上的或已上过的一节课的教学设计及理论依据，并在总决赛中与评委互动，回答提出的两个问题。2023年基本功大赛对说课的内容没有具体规定，有的教师对某一单元的教学设计说课，有的对于某一篇课文设计说课，有的是对于某一节课的设计说课。

（二）说课安排

说课涵盖教材、教法、学法、教学程序和板书设计等，具体操作包括分析教材地位和作用，考虑学生认知基础和特点，明确本节课的重点、难点和教学目标，选择相应教法、学法和教学手段，并说明原因。按照教学环节简述教学进程，说明课堂组织安排，凸显重点、攻克难点、解释疑点，布置作业，板书书写设计等操作、原因以及教学效果。

说课的首要内容：说教材。说教材的过程包括对教材的地位和作用进行阐述，明确重点、难点以及教学目标，并描述对教材的具体处理方式。

首先，说教材的地位和作用。依据学科课程标准、教材内容和编写意图进行分析。通过将本节教学内容与学生已有知识和即将学习的知识相联系，教师要说明本课在整个单元知识教学中的地位和作用。这有助于确保教学过程与整体教学目标紧密衔接，使学生更好地理解教材。

其次，说学情。说明学校发展定位，学生实际水平（学科知识技能基础、认知特点、学习态度、接受能力等）、学生学习需求和学习困难等。

再次，说重点、难点及教学目标。在分析学情的基础上，教师应列举课程的重点、难点，并解释为什么这些内容是最主要或最重要的，为什么是学生最难理解和容易出错的部分。此外，要明确教学目标，将其具体化，以便根据学生实际水平调整教学策略，使学生在教学后能够达到预期的水平。

最后，说教材处理。这一过程要求教师根据确定的教学目标选择和组织教材材料。在教材处理时，教师需要清晰地阐述教学内容的选取、改序、突出等。

说课的第二大内容，说教法和学法。教法涉及教学任务的完成，是师生相互作用时采取的方式、手段和途径。在说教法时，通常需要明确贯彻何种教学原则，选择采用哪种教学方法，主辅教学方法的搭配以及采用何种教学手段来辅助教学。此外，还需论述所选教学方法的理论依据、优势以及预期效果。学法指的是学生学习知识、掌握知识的方法和途径。在论述学法时，需要结合具体的教学环节，阐明在学生面临学习情境（包括困境）时，教师为指导学生学习或解决学习问题采取的对策。这包括通过什么活动引导学生学习、培养学生什么样的学习习惯，教授学生何种思维方法，以及通过何种途径培养学生的学习技能或学习能力。

说课的第三大内容，说教学组织与步骤，这是用时最长、最能体现特色的部分。教师详细阐述教学程序，需要明确各教学环节的名称、主要教学内容以及教学活动的组织安排。具体而言，教师应规划在哪个教学环节教授特定的知识点或训练特定的技能，提出哪些问题或进行何种练习（即教学内容），并组织哪些课堂活动，采用何种组织方式进行教学。说教学程序还需要清晰地描述各教学环节的时间分配，以及如何突出重点、攻克难点。此外，应说明各教学环节之间的衔接与过渡，如何确保教学目标能够顺利实现，并达到预期的教学效果。总体而言，教师在说教学程序时，需要尽量勾画出整个课堂教学的概貌，使听众能够清晰地理解教学过程的组织架构，同时，教师也应强调如何融入课程思政，润物细无声地实现立德树人目标。

说课结尾，有些教师会精炼并阐述本教学设计的亮点，从而使评委更容易回顾、理解本教学设计的创新、出彩之处。可从教法运用、时政联系、教学产出和效果等方面总结教学亮点。

（三）说课特点

说课讲稿有其独特之处，以确保其理论性和实践性的结合。第一，说课讲稿与教案有所区别，其更注重理论性，特别在讲解教材、教法和学法时，应深入挖掘教学理论，对教学行为背后的理论进行阐述，避免成为教案的简单翻版。第二，说课讲稿要做到简明扼要，不同于教学论文其更强调实践性。所涉及的教学理论必须为指导本课教学实践的具体纲要，因此在语言表达上要言简意赅，避免冗长的论述，保持各要素之间的内在联系。第三，语言特色，说课者通常采用独白语言，强调言之有理、言之有物，生动形象地演示，以及灵活运用语速，使听者在理解的同时有足够的思维时间和空间。避免过于死板地“读”讲稿或“背”讲稿。第四，说课的角色特色，说课的对象是有一定教学经验的同行或教研人员，因此说课者要有清晰的角色意识，站在上课和听课的临界点，巧妙地结合说和做，以帮助听者更好地想象课堂教学情境。第五，说课的风格。由于各种差异，没有必要过分强调固定的说课模式。重要的是教师要准确把握说课要素，能在规定时间内清晰地阐述一堂课的教学设计及其理论依据。综合论述和分块论述都是有效的手段，而个性化的说课更具有教研和评价的价值（罗晓杰，2005）。

（四）案例分享

本节段以 2023 年基本功大赛全国决赛二等奖获得者为例，分析其教学内容的选取特色。

Unit 2 Text A Ambition: Do You Need it to Succeed?

Part One Teaching Plan

Ⅰ. Teaching objectives

1.1 Knowledge imparting:

① understand the meaning of dedication;

② identify the importance of dedication from three perspectives;

③ learn about individuality and collectivism;

④ get acquainted with the use of prefix and non-finite verb.

1.2 Skill developing:

① word-building rules: stem and fixation;

② read the exposition by example;

③ filter key points from details in the listening process;

④ express abstract concept with three types of specific information;

⑤ write an introductory paragraph with three types of starters.

1.3 Value shaping:

① be aware of the role of dedication in career planning for college students;

② be aware of realize the impact of dedication on the pursuit of China Dream.

Ⅱ. Teaching methodology

2.1 Blended teaching and learning

① Theme related materials are available on learning package;

② SS do preview and assignments as groups;

③ TCH give timely feedbackin class.

2.2 CBLT (Content-Based Language Teaching)

① Understand the main idea of listening materials and reading materials;

② Clarify the structure of each text and know the intention of the author;

③ Explore the points for curriculum ideology and politics by the example.

2.3 TBLT (Task-Based Language Teaching)

① Tasks with diverse forms (listen speak read write) throughout the class;

② asks with different levels of difficulty;

③ Organize students to complete tasks in class;

④ Reflect on students' performance on tasks;

⑤ Understand the points for curriculum ideology and politics by thinking about the aims of tasks.

Ⅲ. Teaching procedures

表 2-10 Suggested Time Allotment

Time	Sections	Activities	Objectives
Before Period 1	Learning Objectives Getting Prepared Text A	Ss go over Learning Objectives of the unit.	To have an overview of what goals are expected to achieve
		Ss read aloud Topic-related Words & Famous Quotes.	To activate prior knowledge and build up topic - related words and expressions
		Ss preview Text A with the help ofWord Coach & Notes to the Text.	To get a general understanding of the text
Periods 1 & 2	Text A Quick-explore Lead-in Text Comprehension	T guides Ss to watch the Quick-explore video and answer questions.	To let Ss warm up and have some idea of the topic of Text A
		T lets Ss read Lead-in and think.	To arouse Ss' interest and motivate them to learn the text
		T analyzes the whole text and helps Ss complete Focused Understanding & Detailed Understanding.	To let Ss have a thorough understanding of the text To enable Ss to read analytically and think deeply
		T guides Ss to do Global Understanding in pairs or in groups.	To help Ss grasp the main idea, supporting evidence and text structure To enhance their ability of text comprehension and analysis

续表

Time	Sections	Activities	Objectives
Before Period 3	Text A Vocabulary Focus Grammar Link	Ss completeVocabulary Focus & Grammar Link.	To practice key words, phrases, collocations and sentence structures in Text A
Periods 3 & 4	Text A Vocabulary Focus Grammar Link Discourse Touch Knowledge Integration	T checks Ss' answers to Vocabulary Focus & Grammar Link, and discusses key points if needed.	To help Ss master key words, phrases, collocations and sentence structures in Text A To help Ss enlarge their vocabulary with effective strategies
		T guides Ss to complete Discourse Touch in pairs or in groups.	To enrich Ss' discourse knowledge To enable Ss to apply discourse knowledge
		T guides Ss to complete Knowledge Integration individually or collaboratively.	To enable Ss' comprehensive use of language points, and topical and discourse knowledge To enhance Ss' ability to summarize and integrate what they have learned in completing productive tasks

3.1 Before-class

① preview all the new wordsand fill in extra 20 new words or phrases you find out.

表 2-11 Vocabulary Building

accomplish	acknowledge	approval	even-keeled	inclination
insatiable	maneuver	perspective	pinpoint	Self-esteem
at the expense of	contribute to	have sights on	strive for	toil away
promotion	executive	hardwired	content	define
achievement	contributor	determinant	rise through	expectation
extroverted	accolade	consulting	channeled	conformist

② underline the complex sentences and try to understand them in context.

1. (1.1) Mike has been ambitious for as long as he can remember.

2. (3.6) There must be something hardwired that has made him always want to strive for more.

3. (4.1) Why do some people strive to become the boss of a company, while others seem content to toil away in the same job, perhaps slowly moving up the ladder, for years?

4. (7.1) There are several factors that contribute to ambition, but one big determinant is self-esteem.

5. (7.10) Whether or not you have the specific talents to achieve those things matters less than your idea that you believe you can achieve them.

6. (8.6) Because their parents have succeeded, they also see themselves as being part of a class of people who accomplish a lot in life.

7. (9.5) Extroverts like when other people acknowledge them and that that external approval contributes to their drive.

8. (10.9) Personal ambition at the expense of either the organization as a whole or of other individuals within the company, is not going to add value to the business.

9. (11.7) I worked hard and focused on being somebody who was easy to work with and that people could rely on.

10. (13.2) He does say that he made it to the CEO role more because he did what was asked of him and less because of his own ambition to succeed.

③ watch the video aboutpeople's views on ambition and write down your understanding of "Dream Big, Do Small".

3.2 In-class (3A Learning Principles)

① Acquisition

Step One: Skimming

Lead students to understand the logic of expository writings.

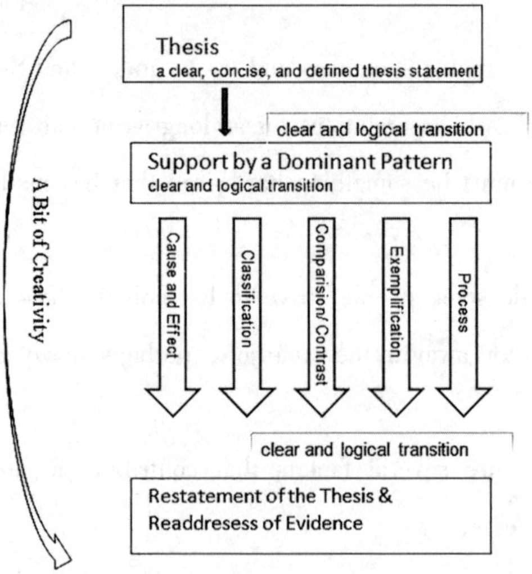

Step Two: Scanning

Guide students to consolidate grammar and analyze long and complex sentences as illustrated below.

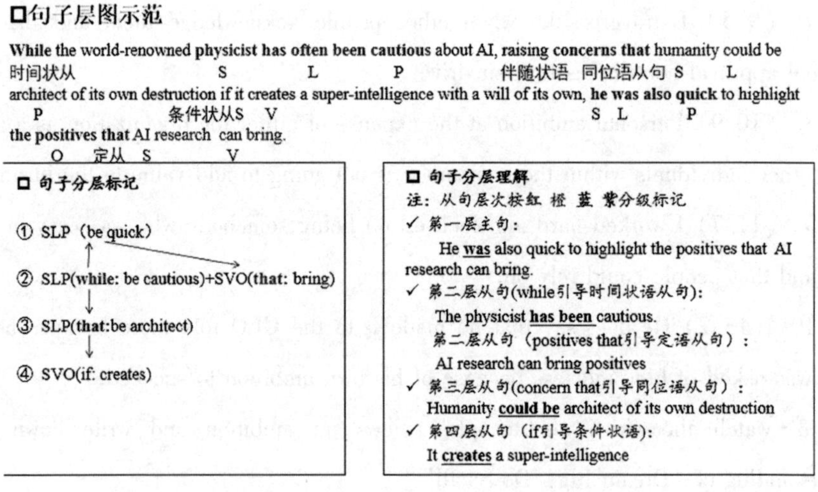

② Assimilation

Step Three：Reading outline

Explain why to write paragraph outlines and demonstrate how to finish the reading outline

表 2-12　Demo One：Para. 7-9

Theme Factors of ambition
Logic By classification
Language Points Factor：determinant，affect，contributors Self-esteem：think highly of，your belief Success：rise through the rank，achieve，climb up the ladder… Family history：successful parents，be expected of，should be in high ranks Personality：conscientiousness，extroverted，introvert，accolade，positive view…
Summary Three factors contribute to one's ambition：self-esteem，family history and his own personality.
Culture Awareness Fake it，Make it. That demonstrates the importance of "念"（Nian，the awareness of self）.

③ Application

Step Four：Reading to write

Work together with students to finish the writing outline and assign writing tasks.

3.3　After-class：review the text from the five aspects：word building rules，sentence division and analysis，reading outline，reading to write and cultural awareness.

Ⅳ. Cross-cultural awareness

4.1　Present some celebrities' dedication in different cultural areas；

4.2　Emphasize the importance of dedication to every country around the world；

4.3 AppreciateChaiman Mao's poem: *Snow–To the Tune of Qin Yuan Chun* (See the Next Page) and spread his ambition to bring happiness to our nation as an English Reader.

Snow

—By Mao Zedong

What a scene ishere found!
The earth is ice-clad aground,
The sky is snowflake-bound.
Behold! At both sides of the GreatWall,
An expanse of white conquersall.
In the Yellow River, once up and down,
The surging waves areall gone!
Like silverysnakes mountains dance,
Like waxenelephants highlands bounce.
All attempt to rival Heaven even once.
I shall wait for sunny days and take aview.
The land will take on a look evernew,
With the snow gleaming in morningdew.

With such a charm the land isendowed
That in awe many heroesbowed.
Neither the first emperor of Qin nor the seventh ruler of Han,
Was truly a literary man;
Neither the first leader of Song nor the second king of Tang,
Was noted for poetry or song.
Even the Son of Heaven, Genghis Khan
Knew littlemore than shoot at eagles with a bow.
Alas, all isgone!

As pioneers of a new age,

We must striveon.

Notes:

① Great Emperors in China: QinShihuang, Han Wudi, Song Taizu, Tang Gaozong.

② The Son of Heaven: Chinese worship heaven, believing the power of Nature and convincing Genghis Khan must be the chosen one.

《沁园春·雪》(毛泽东)

北国风光，千里冰封，万里雪飘。望长城内外，惟余莽莽；大河上下，顿失滔滔。

山舞银蛇，原驰蜡象，欲与天公试比高。须晴日，看红装素裹，分外妖娆。

江山如此多娇，引无数英雄竞折腰。惜秦皇汉武，略输文采；唐宗宋祖，稍逊风骚。

一代天骄，成吉思汗，只识弯弓射大雕。俱往矣，数风流人物，还看今朝。

注：基于“毛泽东诗词翻译组”的版本，做了微调，适合青少年尤其大学生以朗读者的身份传播中华优秀传统诗词。

Part Two Refection

表 2-13 英语单元教学与思政融入对照表

豪情壮志		教学活动	教学内容	培养目标	思政融入	完成情况
课前导学(20分钟)	1	量化任务(附录1)	完成词句预习	自主学习	“抱朴守拙”谚语的切入，培养文化意识	
	2	兴趣激发	观看乔布斯的演讲“stay hungry, stay foolish”	文化意识	乔布斯的“抱朴守拙”和《道德经》的相似之处	

续表

豪情壮志		教学活动	教学内容	培养目标	思政融入	完成情况
课中共学（45 分钟）	1	主题导入（5 分钟）	五分钟观后感分享	反思能力	学生为主体的文化共享	
	2	速读练习（5 分钟）	说明文的三个要素，并在阅读中进行预测和验证	篇章阅读能力	从文中个人高自尊引申到国家的高自尊，即文化自信	
	3	精读练习（30 分钟）	构词法与上下文猜词结合课文内容，导入词群概念，引导学生根据上下文推测词义	推断能力	从中英构词法的异同，引出中国汉字的象形优势	
			长难句的断句与分层结合课文内容，训练学生速读能力，迅速进行长难句的断句和分层	分析能力	从中英句子“狮子头”和“孔雀尾”的差异，引出未来做译者的主体性责任	
			分类说明文的特点 结合课文内容，示范写出分类说明文的阅读提要	批判能力	批判性分析 7~9 段的内容，驳斥文中对 Low-esteem 和 introvert 的误导	
	4	阅读提纲附录 2（5 分钟）	从词、句、篇、写、思五个维度总结	反思能力	践行儒学 不愤不启，不悱不发	

续表

豪情壮志		教学活动	教学内容	培养目标	思政融入	完成情况
课后促学（30分钟）	1	基础知识	完成学习任务（附录1）的词汇、句子、篇章、文化和思辨目标，进行单元检测	信息收集、知识处理和吸收能力	写作任务为介绍中国名人，以引起学生的文化共鸣	
	2	技能训练	借用文中的重点词汇和句式，结合说明文的三要素，完成练笔	语言综合应用能力	集体主义（collectivism）和人类命运共同体	
	3	高阶挑战	提供诵读文本和诵读示范，完成诵读	跨文化传播能力	思政共建：欣赏毛主席在《沁园春·雪》中体现的梦想和情怀，通过英语朗读者的身份，传播中华优秀传统文化	

该案例选自王俊菊主编的新国标英语专业核心教材《综合教程》第1册第二单元 Ambition（雄心壮志）第一篇课文 Ambition：Do you need it to Succeed?(野心：成功的必要因素吗?)，文章通过多个视角探讨了雄心在个人成功中的作用及其复杂性。选择该篇文章的优势，首先，该文章内容具有多维度探讨性，文章讨论“野心与成功”这一主题，不仅涉及职业发展和个人成长，还触及现代社会的普遍价值观。该主题与学生、职场人士以及评委的实际生活和兴趣紧密相关，能够引发共鸣和深思。选用这种贴近现实且具有社会意义的主题，可以展示教师在选材上的前瞻性和洞察力。其次，文中结合了心理学（如自尊与性格对野心的影响）、管理学（如企业对集体野心的需求）以及个人职业发展的案例，理论与实践紧密结合。教师可以通过这种跨学科教学内容，展现其知识储备的广度和深度，同时突出教学内容的学术性和实用性。再次，文章有多个值得深层次思考的点（如“为何有些人更有野心?”“集体野心与个人野心的平

衡”）。这些问题能够引导学生进行多角度探讨，帮助学生从简单的知识记忆上升到分析、评价和创造的高阶认知层次，适合设定高阶教学目标。最后，文章语言虽然较为学术化，但结合了具体案例和真实场景，难度适中但不失挑战性。有利于教师搭建“脚手架”，实现语言目标。

通过教学设计案例可以看出，教师融入了很多思政元素，有传统文化，如成语“抱朴守拙”“鸿鹄之志”，名句“不愤不启，不悱不发”。也有思辨内容，如《易经》中的变与不变、集体主义与人类命运共同体。最后还有毛主席诗歌赏析，感悟伟人的梦想和情怀。古今中外，兼具深度和广度。

下面为决赛逐字稿，全文内容和结构如下。

Good afternoon, honorable judges and dear teachers.

It's my honor to share my illustration on the basis of the text "Ambition. Do you need it to succeed?"

(Content)

The illustration consists in four parts, mainly about target students (whom), teaching objectives (what), employed theory (why) and detailed procedures (how).

(1. Whom to teach)

First of all, we need understand students' long term goals in order to meet demands of CSE. The teacher needs to develop critical thinking and cross-cultural awareness. So for English majors, freshmen, we teachers need to help them to lay a very solid foundation from the four dimensions: vocabulary building, sentence analysis, contextual reading and cross-cultural awareness respectively.

(2. What to teach)

How do I incorporate the four lingual perspectives in a teaching process? Specifically, I set objectives on basis of the four A learning principles. They are: Acquisition, the basic understanding of language rules. Assimilation, the understanding of them are by taking notes and reflecting. Application, how to learn to read critically and read to write. And Aspiration, to inspire students about our China dream, a community with shared future for mankind.

These objectives are set in a vertically and horizontally connected way. So after class, there are three-page handouts given out to students to confirm whether they have achieved the goals.

(3. Why to teach so?)

So how do I organize this way because I base my teaching practice on the theory of Connectivism proposed by George Siemens in 2004. He claims knowledge is not divided but integrated in a very systematic and subtle way. Actually, the idea has been stated in our Chinese classic *Book of Changes* because all being can be categorized into the changing（变易）, the rules of changes（简易）and the unchanged（不易）. Of course it is a strategic perspective.

Technically, I employ the teaching approaches CBLA (Content-based language teaching) and POA. Actually they share much more similarities than differences because the first part the former one focuses on the exploration of the content and latter part is more about production.

(4. How to teach)

On basis of Connectivism, the teacher should play a very dominant role to explore the subtle connection in the languages and lead our students to understand the text gradually.

So, my teaching procedure consists in three stages. Before class, inspiration. In class cooperation and after class exploration. Actually, the teaching procedures are shown in appendix one, dear judges. In appendix one, I write down the detailed procedures. Actually, it is a process from arousal of students cultural interests to cultivation of their cross-cultural awareness. It's about how to practice. Move from practice to production.

(Before the class)

Specifically, before the class. There are two main tasks, the language preparation and the arousal of their interest. Since the topic is ambition, I asked them to watch

Steve Jobs comment to address about “stay hungry, stay foolish” and asked them to compare the similarities between Jobs’ claims and what is stated in《道德经》.

(01 Lead-in)

And then, in the class, the teacher plays a very dominant role and it is also students- centered. First of all, in the first five minutes, I will check the students’ preparation. They were assigned group work or they are asked to share their understanding between “抱朴守拙” and “stay foolish” . They will find they were guided by teachers to find the similarities and shared common between Chinese and English.

(02 Extensive reading)

And then in the second part I will lead students to do the extensive reading because the passage is an expository by classification. So I will draw the table to show students how to make introduction, how to develop the body part, how to make conclusion, and guide our students to find the topic sentences of the section.

(03 Intensive reading practice 30mins)

And then in this is a teaching focus of the 45 - min class, intensive reading practice. It is included in appendix two. In this part, the teacher will organize a variety of activities for students to get involved in the class. First of all, the students are required to read the paragraph. Of course the under - achieved students need encouragement, so I encourage them to prepare before the class and get encouraged by me in the class. Gradually they will find more interest in reading. And then I will focus on the 4 language dimensions for the detail explanation. I will find out the underlined words and get them to learn the 5 Suffixes. And then I here, I will develop their divergent thinking, encourage the class to think, to brainstorm what are the words with the same Suffixes. And then move on to the nominal class, because in the typical 3 paragraphs, it’s all about nominal classes. So I will lead them to understand and to practice. This is also the teaching difficulty and learning focus. I will show them how to divide the sentence and how to analyze it hierarchically, because most students know how to divide the sentence but fail to understand in a hierarchical way. So this is the teaching point for the English major freshmen.

And then, I will lead my students to finish the intensive reading outline, because after my instruction, the students will understand what are the key word families, what are the sentence patterns and how to develop the ability from reading to write.

So these are the four dimensions of language. This is very they challenging for students. So, the students will be encouraged to share their works with other students. And of course in each step of the teaching, the culture awareness should be raised among students. So in each step of the teaching, I will try to explore the cultures, especially Chinese traditional cultures and help the students to understand the wisdom of Chinese people and the way of Chinese education. As it is stated "不愤不启，不悱不发". So I encourage, especially the freshman, to take initiatives to raise questions, like "never instruct a disciple until he wants to know", "Never enlighten him until he's eager to express but fails to do so".

(04 Reading Outline: Check the reading efficiency)

So, in the last five minutes I will develop students' reflective thinking. I will show the models about how to develop a reading outline of each paragraph, each section or even the whole passage.

And then these are the students' demonstrations. These are their homework. It's really comforting to me because I try to, based on the theory of connectivism and follow the principle of 4A, to meet the standards of "两性一度", advanced, innovative and challenging. And try to arouse our students "China Dream". This is my students reading of a "China Dream". It's a great leader. China dream, and it's our every person's China dream.

Thank you very much, thank you.

第七节 小 结

教师授课内容的选择，首先应仔细阅读比赛章程，了解比赛要求，是否有指定教材或指定单元，教学内容时长，是否有生课堂等。其次，还要根据参赛教师实际情况进行选择。通过学习往届优秀案例，可以了解如何巧妙地处理不同的教学内容，对比不同获奖等级，总结一等奖、二等奖和三等奖之间的差距和产生差距的原因。总体来说，参赛内容要有明确的主题，突出教师的教育教学特色和优势，以帮助教师在比赛中脱颖而出；参赛内容应具有很强的实践性，能够反映教师的教学实践经验和成果，提高教师的教学水平；内容也要具备一定的创新性，以反映教育教学的最新理念和趋势，引导教师探索新的教学方法和手段。完整性也是非常重要的，参赛内容应包括教学目标、教学内容、教学方法、教学过程和教学评价等方面，全面反映出一节课的教学过程和成果；参赛内容应突出教师的个人特色和教学风格，展现教师的专业素养和教育理念。在选择参赛内容时，教师需要结合自己的实际情况，注重突出自己的教学特色和优势，同时还要注意符合比赛的要求和规定。通过选择合适的参赛内容，教师可以更好地展现自己的教学水平和教育理念，提高自己的教学水平，并为教育事业做出更大的贡献。

参考文献：

[1] 王俊菊. 新国标英语专业核心教材综合教程 1 册 [M]. 上海：上海外语教育出版社，2021.

[2] 中华人民共和国教育部. 教育部关于印发《高等学校课程思政建设指导纲要》的通知 [EB/OL]. (2020-05-28) [2023-11-30]. https://www.gov.cn/zhengce/zhengceku/2020-06/06/content_5517606.htm.

[3] 中华人民共和国教育部. 教育部关于狠抓新时代全国高等学校本科教

育工作会议精神落实的通知［EB/OL］.（2018-08-27）［2023-11-30］. http：//www. moe. gov. cn/srcsite/A08/s7056/201809/t20180903_347079. html.

附录1 学生练习量化任务单

Text A Ambition：do you need it to succeed?

Ⅰ. Vocabulary Building（详见第123页词汇表2-11）

请补充20个新词。

Ⅱ. Sentence Analysis

1. （1. 1）Mike has been ambitious for as long as he can remember.

2. （3. 6）There must be something hardwired that has made him always want to strive for more.

3. （4. 1）Why do some people strive to become the boss of a company，while others seem content to toil away in the same job，perhaps slowly moving up the ladder，for years?

4. （7. 1）There are several factors that contribute to ambition，but one big determinant is self-esteem.

5. （7. 10）Whether or not you have the specific talents to achieve those things matters less than your idea that you believe you can achieve them.

6. （8. 6）Because their parents have succeeded，they also see themselves as being part of a class of people who accomplish a lot in life.

7. （9. 5）Extroverts like when other people acknowledge them and that that external approval contributes to their drive.

8. （10. 9）Personal ambition at the expense of either the organization as a whole or of other individuals within the company，is not going to add value to the business.

9. （11. 7）I worked hard and focused on being somebody who was easy to work with and that people could rely on.

10. （13. 2）He does say that he made it to the CEO role more because he did what was asked of him and less because of his own ambition to succeed.

11. ____

____

12. ____

____

13. ____

____

14. ____

____

15. ____

____

请补充5个长难句。

Ⅲ. Structure and reading outline

Please work out the reading outline of paragraph 10.

(1) Key word: ____

(2) Logic: ____

(3) language points: ____

(4) a brief summary (50 words) ____

____

____

____

____

(5) related culture (individualism and collectivism) ____

____

____

Ⅳ. Paragraph Recitation

Para. 6 (cohesive devices)

Ⅴ. Writing

Introduce an ambitious figure in our homeland. Who is he? What is his aspiration?

Whatare factors that lead to his/her success? (self-esteem, family, personality or other else

____

____

____

____

____

附录 2 阅读提纲

变易	7. There are several factors that contribute to ambition, but one big determinant is self-esteem. Research shows that people with high self-esteem are more ambitious than people who have low self-esteem. Someone who thinks highly of him or herself won't necessarily rise through the ranks, but " the more self-esteem you have, the more ambitious you are because you think you can" said Ghaemi, Whether or not you have the specific talents to achieve those things matters less than your idea that you believe you can achieve them. 8. Family history is also important and it's something that applies to most cultures. If people have successful parents or grandparents, they're likely to be ambitious themselves. For those people, success is simply what's expected of them. Because their parents have succeeded, they also see themselves as being part of a class of people who accomplish a lot in life. They say: "That's expected of me, I'm that kind of person, I'm capable and I should be in a high-status job. " 9. Personality is another significant factor in ambition, said Mueller. He found that people with high degrees of conscientiousness, and who are extroverted, are more likely to have that drive to succeed. Extroverts like when other people acknowledge them and that external approval contributes to their drive, he said. Introverts are less concerned about whether people view them positively, so they don't need accolades to feel good about themselves.	Surfixes -nant, -tious, -fic, -able, -ed Nominal Clauses Subject Clause/ Apposition Clause That Whether/if 5W1H Predicative Clause That Whether/if 5W1H (what) Object Clause That Whether/if 5W1H

续表

简易	Ⅰ. Theme（内容） Factors of ambition
	Ⅱ. Logic（结构） By classification
	Ⅲ. Language Points（语言） Word family： Self-esteem：think highly of，your belief Success：rise through the rank，achieve，climb up the ladder... Family history：successful parents，be expected of，should be in high ranks Personality：conscientiousness，extroverted，introvert，accolade Sentence pattern（ambition and success）： Subject：Whoever thinks highly of himself accomplish a lot in life. Object：Studies show that high-esteemed people are more likely to succeed. Apposition：The idea that you believe you can achieve them matters much. Predicative：Success is what's expected of them by their successful parents.
	Ⅳ. Summary（技能） Three factors contribute to one's ambition：self-esteem，family history and one's own personality.
不易	Ⅴ. Culture Awareness（思辨） Collectivism and China Dream

第三章

高校英语教师竞赛反哺效应研究

第一节　概　述

知网输入关键字“教学比赛”，可知，国内对教学比赛的研究起源于 20 世纪 80 年代，而对外语类教学比赛的关注则相对较晚，始于 21 世纪初。国内对于教学比赛的研究始于体育，后期语文等其他学科的教学比赛研究也逐渐增多，至今体育方面研究也是教学比赛研究的主要方面。高等教育教育教学比赛的研究，外语类教学比赛在研究中的占比相对较低。不过，外语类赛事类别也较多，包括综合类比赛 2 项和外语类专项比赛 5 项，为反映国内教学比赛研究提供了丰富的素材。

目前，“高校英语教师竞赛反哺效应研究”所处的研究现状呈现出一系列特点，同时也存在一些尚待深入挖掘的问题。

在国内，关于教学比赛对提升外语教学质量，尤其是大学英语教学质量的反哺作用的研究起步较晚且研究量相对较少。目前的研究表明，国内的教育领域对于教学比赛的关注主要集中在某些热门比赛上，而其他类型的比赛研究相对较少。此外，研究方法偏向理论层面，相对较少有实践与行动导向的研究。更多地关注于比赛过程指导，而对比赛结果的反馈较为欠缺，使得在实际教学中的应用存在一定的不足。

在国外，研究的侧重地域有别，这可能与各国在教育体制和文化差异上的异同有关。相较于国内，国外关于教学比赛与教学质量关系的研究匮乏，缺乏对这两者之间关系深层次机制的挖掘。这也反映了国外学者在教学比赛与教学质量之间关系方面的研究方向尚未产生足够的关注。

综合而言，当前关于“高校英语教师竞赛反哺效应研究”的研究现状呈现出国内起步晚、量较少，方法偏向理论层而且过多关注过程而缺少结果反馈；而在国外，研究侧重地域有别，且对教学比赛与教学质量关系的研究相对匮乏。未来研究可以在深化理论基础的同时，注重实践与行动导向的研究，丰富对比赛结果的反馈机制，促使研究更好地服务于实际教学提升。

“高校英语教师竞赛反哺效应研究”在理论方面具有重要的价值。首先，通过深入研究教学比赛的反哺效应，有助于促进教师个体的专业发展，为新时代教师队伍建设提供有力支持。这种战略性的意义对实现人才强国战略目标至关重要，因为竞赛反哺可以使教师更好地适应、理解并践行新的教育理念和方法。其次，研究教学比赛的反哺效应实质上是对教学理论和方法的深度研究、挖掘和创新的过程。这有助于不断充实和更新学术理论，推动教育领域的理论前进。最后，通过研究参赛教师将教学比赛经验运用于课堂并考查受众学生的评价，有助于实证研究教学假设和教学理论。这种拓展实证的研究为更好地理解教学改进的实际效果提供了有力支持。

在实际应用价值方面，该研究对于促进大学英语教学质量和人才培养质量具有直接的实际应用价值。深入了解竞赛反哺效应，教师可以更好地应用优秀的教学方法和经验，提高课堂教学效果，最终提升整体教学质量。此外，研究成果不仅局限于英语教学领域，还可以应用到其他外语教学和其他学科教学。这意味着通过教学比赛的反哺效应研究，所获得的教学经验和方法可以在跨学科的范围内共享，提高其他学科的教学质量，推动整个教育领域的发展。这种跨学科应用为教育创新提供了新的可能性，促使不同学科间的经验交流和合作。因此本章通过 A 教师个人十年经历叙事研究以及调查问卷探究高校英语教师竞赛对教师教学、学生等各个方面的反哺效应。

第二节　青年教师教学竞赛成长之路

青年教师竞赛是教育领域中一项重要的活动，参与其中的教师不仅通过比赛展示自己的教学水平、教学设计和创新实践，还能促使他们在教育事业中不断成长。在竞赛的成长之路上，青年教师经历了一系列的考验和收获。

首先，参与竞赛的青年教师通常会在备赛阶段展开深入研究，对教育理论和教学方法进行系统梳理。通过准备比赛，他们深入挖掘自己所教学科的知识体系，提高对学科本质的理解，同时也不断优化自己的教育理念。其次，青年教师在比赛过程中将自己的教学设计和教学实践展现给评审和观众，这是对教学能力的全面检验。通过比赛，教师们接受来自专业领域专家的审视和建议，促使他们更加关注教学的细节，注重教学策略和方法的合理运用。在竞赛的实际教学环节中，青年教师不仅要应对学科知识的传递，还需要关注学生的个体差异，灵活运用不同的教学手段，培养学生的创造力和批判性思维。这个过程锻炼了他们在课堂中解决问题的能力和应变能力。最后，青年教师在竞赛中获得荣誉或反馈后，能够更有动力地继续追求卓越。这种认可和鼓励使他们更加积极地投入教育事业中，不断提升自身的教学水平，为学生成长贡献更多。

综合而言，青年教师通过参与竞赛，经历了知识准备、实际教学检验和经验反思的全方位成长之路，不仅提升了个人的教学水平，也为教育事业的发展注入了更多活力。本部分通过教师发展叙事研究具体了解青年教师通过参加教师竞赛获得的成长。

一、“以赛促教”教师发展叙事研究

教师发展是一个涵盖广泛层面的职业发展过程，旨在不断提升教育工作者的素质，使其能够适应快速变化的教育环境，以及持续学习和更新教育理念。这一过程的核心包括专业知识与技能的提升，教师需不断加强对所教学科领域最新研究的了解，熟练掌握教学方法和策略，并能够灵活运用先进技术和教育

工具进行教学。

教育理念和信念的更新同样至关重要，因为教育领域的不断发展，新的教育理念和方法层出不穷。因此，教师发展需要不断审视自己的教育信念，接受新观念，以更好地适应学科发展和社会需求。

此外，教师发展还包括职业道德和专业素养的培养。教师不仅需要具备专业技能，还需要培养对学生负责、对教育事业忠诚、对社会有责任心等方面的职业道德和素养。

参与学习社群的建设是教师发展过程中的重要环节。通过与同行进行合作、交流和分享，教师能够获取新的思想和教学经验，并在集体中共同成长。

适应学生差异和多元化需求是当今教育的一个显著特点。因此，教师发展需要具备更好适应不同学生需求、关注个体差异的能力，采用差异化教学策略。

教育科研和创新能力同样是教师发展的重要组成部分。教师不仅要在课堂上表现卓越，还需要参与教育科研，培养创新能力，为教育领域的进步贡献力量。

教师发展需要进行持续的反思和自我调整。通过对教学实践的反思，教师能够认识到自己的优势和不足，不断改进和完善自己的教育行为。总体而言，教师发展是一个全面、持续的过程，要求在各个方面都有所进步，以更好地满足学生和社会的需求。

叙事研究是一种涉及个体或群体经验的质性研究方法，其核心是通过讲述和解释故事、经历或事件，深入了解个体或群体的感受、观念和认知过程。这种研究方法强调参与者的主观经验，关注他们的故事如何构建、表达和影响他们的生活。叙事研究通常采用面谈、访谈、观察和文本分析等方法收集和分析个体或群体的叙事材料。这些故事可以是口头的，也可以是书面的，包括个人回忆、生活史、日记、信件等形式。研究者通过对这些叙事进行深入分析，试图理解个体或群体的主观体验、情感、信仰和文化背景。叙事研究强调背后的文化、社会和历史背景，以揭示故事背后的意义和影响。在教育、心理学、社会学和人文学科等领域，叙事研究被广泛运用，帮助研究者更深入地了解人们的经验和观点。这种方法凸显了个体在其独特背景下的复杂性，为深入研究人类行为和社会现象提供了一种有力的工具。

我国的外语教育和普通教育领域的叙事研究论文中，教师研究占据主导地位，主要关注教师个体的经验、实践性知识、专业成长以及日常教育实践的重要意义和教师内心世界（李展，许悦婷，2023）。这种研究关注教育者的个体感受和实际操作，深入剖析教师在教学过程中的体验，以揭示教师在专业发展和实践中的丰富内涵。这包括对教师面临的挑战、取得的成就以及专业信仰的深入分析，为理解教育实践提供了深刻的洞察。本部分以 A 教师对自己十年来的成长经历为叙事研究对象，旨在真切、系统地探究教学竞赛对教师成长的影响。

二、教师成长经历自述

（一）第一份工作，初见教学竞赛

A 教师 2013 年研究生毕业，专业为英语语言文学，毕业后就职于 Q 学院。在校期间有三年半左右家教经验，以及暑期培训班讲课的经验，教学模式一般是直接讲知识点以及文章。面试准备的教学节段为非谓语动词讲解，没有教学的各个环节。

Q 学院是一家民办独立院校，学生生源一般，学生主动性较差，因此，对教师课堂教学要求严格，四六级通过率较同类院校稍高。2013 年，A 教师考取了高校教师资格证，入职以来，对教育学有些许了解。作为新教师，按要求加入“青蓝工程”，由经验丰富教师 L 带领熟悉教学各个流程。按要求，A 教师每学期要听一定数量的课，并填写听课记录及反思。L 教师经验丰富，上课幽默风趣，基本功扎实，对 A 教师产生了很大影响。

A 教师所在教研室还推行集体备课，每位教师负责一个单元的教学设计，并集体讲解，教师们互相讨论改进，使 A 教师了解大学英语教学的大致流程，例如复习、导入/热身、正文讲解、拓展、作业等。集体教案部分还有反思一栏，但由于当时科研意识匮乏，仅匆忙完成，极少认真反思，导致第二轮教课时改进不明显。

Q 学院有集体备课、同行听课、领导推门听课的传统。教研室十几位教师，轮到自己被听课时，都展现出了自己最佳状态，对教学内容重新组合，达到设计最优化。作为新教师，能够学习到很多优秀设计和课堂小技巧，例如板书讲解和擦除、如何配合教学内容和进度、教学设计如何更加符合逻辑、课堂如何能调动学生积极性等，有的教师娓娓道来，有的教师激情澎湃，A 教师受益匪浅。然而，被听课就是“痛苦至极”的历程，每次被听课，每个老师会指出优缺点，共同商议。“在 Q 院的那几年，大部分时间都处于紧张状态。”A 老师回忆道，“害怕被领导推门听课。轮到自己被集体听课时，更加焦虑，尤其是精心准备好的课，被十几个同行从各个角度批判一番，有次甚至受不了压力，大哭了一番。”每次被听课的压力不小于参加一次教学比赛。不过，总体来说，从对学生了解、教学设计、语言习惯、教态、板书设计和书写等，各个方面都成长迅速，形成了规范有素的职业习惯。

2016 年 7 月，A 教师第一次参加 Q 院青年教师教学比赛（也是入职以来学校第一次组织），经过近 3 年的锤炼，A 教师在讲解课文内容部分较为顺畅，但由于缺乏经验，板书都没有书写，成绩自然很不理想。但后期评委主动联系她，称赞其是口语最好的选手。

（二）第二份工作，教学竞赛多样性

2016 年，A 教师工作调动，以编外教师身份就职于 L 学校，该学校规模不大，却是国家级重点中等职业学校，教师、学生获奖不胜枚举，且级别都很高。

L 学校在编教师均参加市级优质课比赛，教研组推选优秀教师参加，教师听课，然后集体教研磨课，提出改进意见，提供想法资料。总之，优质课的整个过程，全组英语教师全程参与，因此，比赛成绩理想。

A 老师积极参与了学校内部的公开课展示，这一活动以“同课异构”为主题，旨在探究受教师独特的教学风格、个人习惯和授课环境等因素影响相同课程、相同教学内容呈现出不同的课堂模式。在这次活动中，A 老师与负责同一课程的 7 位老师进行了深入研究，经过精心设计，呈现出了多样化的课堂教学效果。

例如“I like being outdoors”这课，K 老师强调学生对基础知识的扎实掌握，通过听、说、读、写等多种形式有序巩固学生对基本词汇的理解。同时，借助同伴合作和小组探究，深化学生对所学知识的应用。C 老师授课思路清晰，运用多样化的句型口语练习形式，巧妙选择音频进行导入。G老师通过课前演讲完成有针对性的点评，注重培养学生的自主性。J老师指令明确，课堂活动设计富有驱动力，有效调动学生的积极性。H老师通过增加课外拓展，例如订票等方式，及时渗透德育教育。A老师的课件体现了信息化教学，运用绿色底色的PPT背景，大量使用学生的运动图片，生动展示了“备学生”环节。D老师的讲授扎实有力，环环相扣，学生参与度高，通过两人一组的练习形式全面覆盖了单词、练习、词组、句型和对话等方面。Z老师采用了分组式翻转课堂，由学生扮演老师的角色来讲解新单词，集中在专业特色上，使“运动”相关的词汇和短语更加贴近生活、更加实用。

这次“同课异构”活动为教师拓宽了视野，丰富了教育教学的艺术，有助于教师之间的智慧碰撞，构建了多重对话平台，使得教师们相互对比，引发彼此的思考，从而不断改进课堂教学，提升整体教育教学水平。公开课之后，A教师向听课教师逐一寻求听课反馈，每位教师都能从不同角度给出改进意见。在Q院练出的强大的心理素质和积极的学习心态，使A教师面对教师们给出的意见时，能平静开心接受，并且能够辩证理性地对待。其中，对她触动最大的是校书记提出的，“内容和组织应该有一条线，由浅入深，串联起来”。诚然，之前所有的备课中，A老师对单词练习、复习、新内容讲解、作业，教学环节都了然于心，然而，教学环节一个不落，却忽视了每个环节之间的逻辑关系和衔接，这也成为A教师以后进行教学设计时特别重视的一点。

L学院不仅在教学比赛和教研活动体现集体力量，校领导也有意识培养教师先进的教学理念和信息技术的应用。2017年陆续增加信息化教学工具运用，如学习通等。教师参加优质课比赛时运用学习通，取得了优异成绩，甚至是50岁左右的老教师都能运用自如。A教师也意识到，教学中信息化技术的运用会是必然趋势。

（三）稳定的工作，发展的平台

2017年底，A教师参加K大学教师招聘，外国语学院教师岗录取2人，A教师笔试成绩排第三，面试成绩第一，最终以综合成绩第二成功入职。当时，临时通知不能用PPT等任何多媒体信息化工具，A教师仍然能够平静面对，结合板书，以及在Q院曾经教授过的“大学英语”文本，重新整合设计，在规定时间内完整呈现教学内容，并结合思维导图最后做总结，教学过程由浅入深，由理论到实践，紧贴学生实际。后来，院领导回忆起面试情况时，评价A教师，“讲课脱颖而出，一看就是会讲课的”。

2018年11月，A教师第一次参加青年教师教学比赛学院选拔赛。当时A教师生完二胎出月子不久，精力有限，教学方面比较生疏。2018年上半年第一次接触教材内容，参考资料较少，A教师在短时间内准备了5个教学节段，时间匆忙。比赛时，全程无停顿，没有把握好教学节奏。第一次参加青年教师教学比赛，仅止步于学院。这一次比赛，A教师总结了两个经验。一要和组织方多多沟通。第一次参加，仅看学校通知，却不知道学院的比赛要求是仅准备一个教学节段，如果加强与学院或其他教师的沟通，就不会导致精力不够，上场表现比较紧张。二要把握时间和节奏。讲课一定要留白，不能满堂灌。

2019年3月，A教师参与了学院“外教社杯”全国高校外语大赛的院级比赛的选拔，说课与教学一起，选题为“对比与比较”，但由于缺乏经验，讲课不够精炼，最终落选。不过A教师也向学院其他老师学到了很多宝贵经验，如怎样控制课堂节奏，如何整合教材内容等。

（四）突破性发展

2019年4月份，“教学之星”大赛章程发布。作为新教师，A教师原本没有参加比赛的勇气。届时学院承办省级“外教社杯”复赛，全院的焦点都在准备、学习该项赛事。偶然的机会，楼梯里遇到教研室同事，在同事的鼓励下，A教师萌生了参赛的想法。

队员确定之后，首要任务便是课堂实录录课。教学内容选择为《新标准大学英语第二版第二册》第三单元“Sporting life”（体育生活）——体育话题比较轻松，好导入，网络资料较多，文章知识点比较好总结。而且，A教师在L学校参与的同课异构也与体育有关，相关PPT模板和查阅相关资料仍有留存，做起来更加得心应手。在L学校学习的超星学习通，派上了用场——投票、小组合作成果展示，这些信息化技术的运用，当时在K大学外语学院也是非常新颖，因此使用学习通的教师屈指可数。

2019年5月，A教师参加PPT制作注意事项讲座，了解到制作优秀的PPT是一项需要仔细考虑的事情。首先，PPT应该呈现出清晰简洁的特点，确保每张幻灯片都简明扼要，避免信息过载。此外，保持PPT的一致性也至关重要，包括字体、颜色和排版，以提高整体的专业感，颜色不宜过多，选择三到四种主色作为PPT的主要颜色，以确保整体的一致性。设计的版面要吸引人，但不应过分夸张，图表、图片和图形应服务于内容，而不是分散观众的注意力。整体结构要合理有序，包括引言、主体和结论，确保内容按照逻辑次序呈现。图表的运用也是制作PPT的关键，通过简单清晰的图表，可以更生动地呈现数据和关键概念。高质量的图片和合理的配色方案同样至关重要，以确保在大屏幕上清晰显示。此外，避免在一张幻灯片上放置过多文字，使用关键词和简洁的句子，以便观众能够轻松理解。在字体选择上，清晰易读的字体通常更适合在大屏幕上展示，英文字体Times New Roman最为常用，因为课件拷贝到其他电脑不会引起字体取读出错。遵循“6x6规则”可以有效避免文字过多，即每张幻灯片上最好不要超过6行文字，每行不要超过6个词。最后，制作PPT时要考虑观众的需求和水平，调整内容和语言以适应观众的背景。在合适的场合，通过问题、悬念或互动元素，可以更好地吸引观众，增强他们的参与感。综合来看，这些因素共同形成了一个优秀的PPT。

第一次录课，“最难的是找学生，以及希望学生配合，因为感觉每次都耽误这么多学生的时间，心里过意不去。”A教师回忆。所以她每次都会给学生买点好吃的、小礼物，或者发点红包。还好，学生们都很配合。当然，教学设计的内容，尤其有合作产出，在平时课堂上至少十几分钟，由于录课时间有限，又要保证教学流程的顺畅，所有回答问题和小组展示，教师均要事先安排好，组织语言，指定学生回答。

当时“大学英语”教学为大班教学，小组活动无法高效进行，课堂上仅个别基础较好的学生回答问题，大部分比较沉默。比赛课堂，教师进行分组，鼓励学生小组讨论、共同产出，学生比较活跃。

当时录课条件比较差，录课教室为传统的多媒体教室，录像没有调焦功能，电脑也经常卡顿，但章程仅要求视频保持流畅，因此，后期将卡顿的部分均剪辑出去。

录完课，最后几天，团队成员们才一起商量开始写教学设计，包括课程设计、单元教学设计方案、教学特色。每位成员负责一部分，最后由 A 教师汇总。每位成员之间很少有沟通，最后汇总时才检查格式、错别字等。

2021 年 6 月，复赛获奖名单发布，意料之外，团队获复赛特等奖并晋级 8 月 8 日苏州研修场半决赛。团队成员这才意识到要认真对待，好好准备。

然而准备过程中，团队成员沟通不是很顺畅，A 教师作为团队负责人没有很好地与团队成员沟通，很多成员的建议没有认真听取采纳，PPT 的制作也是对培训结果的生搬硬套，导致 PPT 制作粗糙、配色不清新，教学设计说课逻辑性差，重复赘述多，对 POA 教学理念理解不够，甚至运用有误。教学展示节段设计，大部分由负责老师独自完成，很少沟通交流，PPT 制作、内容精炼、新鲜度、高阶性等方面都差强人意。因此，最终结果仅为半决赛二等奖。

（五）竞赛反哺效应

获得 2019 年“教学之星”大赛的半决赛二等奖，虽然有很大的不足，对于第一次参赛的团队来说，也是莫大的鼓励，而且该成果还是 K 大学外语学院大学英语教师在外研社比赛中取得的最高成绩。喜悦之余，A 教师也进行了反思，并在今后的工作中有针对地进行了提升。

通过此次比赛，A 教师第一次意识到教学要与国家教育发展要求结合起来，也加深了对教学理念和方法的理解，结合课堂教学也有了自己的思考。

作为新教师来说，A 教师对科研还比较茫然，尤其是面对学院、学校的激烈竞争更无从下手。但经过此次教学比赛，她对理论和实践都有了新的认知高度，也有了自己想法。偶然机会，A 教师看到了外教社的项目征集活动，于是尝试申报，并将平时的所思所感，再经过文献综述，总结凝练，2019 年 7 月项目最终成功获批“全国高校外语教学科研项目”，项目名称为：移动终端混合学习模式激发并维持大学英语学习主体性探究。旨在解决课堂学生积极性不够，参与度不高的问题。经过教学比赛的试水，A 教师想进一步探索超星学习通等课堂信息技术的有效使用。

于是，在日常的教学中，A 教师结合教学比赛经验，加上科研项目推动，更加注重对学生高级阶思维的培养。与学生的互动也明显增强，也开始尝试各种教学方法，以增强学习效果，最终 A 教师总结研究报告，并发表同名文章 1 篇。

经过一段时间的实践、反思和改进，2019 年底，A 教师第二次参加青年教师教学比赛，经过对教学内容的不断改良，A 教师被选拔进入校级比赛。校级比赛要准备 5 个教学节段。通过不断地学习各种比赛的优秀案例，A 教师似乎了解到，一个好的教学比赛节段似乎就是在给评委讲一个真挚感人、层层递进、首尾呼应的故事，最后让评委感到触动，而不是纯粹的知识点讲解。在校赛中抽到的教学节段（5 选 1）恰好是“教学之星”半决赛的内容，经过打磨和改进，A 教师第一次获校级青年教师教学比赛第一名并获得省级初赛资格，这也是学院历史最高成绩。A 教师觉得，这既是幸运的，也是从 2016 年便开始积累的点点滴滴，以及 2018 年青教赛院级比赛、2019 年“教学之星”初赛、半决赛一路打磨的结晶。

A 教师仍用该体育单元为教学内容录制的课堂教学视频参加省级决赛，由于有很多学生展示活动，导入节段有学生背景演讲，产出节段有学生小组介绍，指导评委点评“教师展示少，学生展示有点过多，无法体现教师的基本功”。第一次参加青教赛，A 教师即止步于省级初赛优秀奖。

（六）以赛促教，以赛促研

2020 年，A 教师第二次报名参加外研社“教学之星”大赛，经过学院初赛评选胜出。2020 年复赛视频为 20 分钟，可以是无生教学。A 教师以与病毒的战争为开头，以课文战争为主线，强调情感的表达与隐含意义（connotation）的挖掘，鼓励人们勇敢面对当下的生活。然而，团队几乎没有打磨教学内容，对于知识点的挖掘不够清晰，也比较浅显，学生互动设计较少，而且没有板书设计，最后止步于复赛二等奖。

此次比赛的主题为“语言与育人融合”，参赛的同时，A 教师也接触了课程思政并思考如何将其融入教学设计。经过比赛学习探索、课堂实践反思，最终于 2020 年底汇成论文成果《模块教学模式下大学英语课程思政探索》，于 2021 年顺利发表。

痛定思痛，2020年底决赛结束之后，A教师认真分析决赛团队的优缺点，并撰写论文《“以赛促教”理念观赛经验总结——以2020年“教学之星”总决赛为例》，从选题、团队合作、教学理论和方法、育人目标等方面，结合评委点评，总结优秀团队经验，也为日后的教学提供了很多切实可行的教学思想和方法。

2020年年底，A教师参加校级青年教师比赛选拔，以《新标准大学英语第二版第二册》第五单元 Leisure Inactivity（休闲不活动）为主要内容，穿插对知识点的幽默讲解，因为这个知识点比较新颖，对学生来说也是重难点，所以学院比赛顺利通过。

学校的青年教师教学比赛选拔，A教师又抽中了学院比赛教学节段，稳定发挥，第二次获得校级第一名，获得省赛资格。然而，省初赛培训时，指导教师提出该设计有很大漏洞，即对于幽默的四种途径，知识点过于分散，评委（非英语组）建议聚焦于其中某一个途径，深入挖掘。然而，A教师仿佛钻进自己的茧里，无法走出自己原有的设计思路，又由于录课时间迫在眉睫，依然按照原有教学设计录课。最终止步于省级初赛优秀奖。

2021年3月，教师教学创新大赛首次发布通告，学校发布通知比较紧急，A教师首次参加，准备材料，总结创新教学方式方法和经验。由于前两年以赛促教的经验积累，很多实践活动、学习通数据、多元评价的图片、视频材料丰富，让评委眼前一亮，最终顺利通过院校选拔，获得校级二等奖。一等奖获奖课程基本都是省级以上一流课程、虚拟仿真教学等各种更先进的创新教学。通过此次比赛，A教师也了解到虚拟仿真在教学中的运用，为日后项目申报奠定了基础。

（七）团队力量

2021年3月，外研社“教学之星”章程发布，A教师第三次参加，这次调整了团队阵容，复赛节段团队主讲教师选择学院讲课比赛很优秀，更难能可贵的是，一直保持初心、把参加讲课比赛当作兴趣的X老师。

初赛选拔，A教师选择20年青年教师教学比赛省级初赛片段，不同的是，A教师已钻出自己的茧，选择幽默的其中一个途径，也是最难的途径“irony”

（反语）为切入点，进行重新设计与录课，顺利通过学院初赛，在对设计完善后进行最终录课提交复赛。

2021 年 6 月，复赛结果出来，团队教师再一次进入半决赛。这时，团队合作不仅仅局限于分工合作撰写教学设计，而是全面真正进入了备战状态，团队成员每隔几天碰面，思考选题、教学理念、教学方法，对教学环节的设计进行头脑风暴、提出疑问、共同商讨解决办法。

这次团队成员之间沟通有效，每个成员都从各自擅长的角度对教学设计提出自己的想法，最终共同商讨解决对策，与之前讨论仅提出问题，没有共同商讨解决办法，形成了鲜明对比。A 教师也意识到教学理论的不足，并在团队成员 J 的建议下获取优质的阅读学习资源，也使 A 教师全面系统地掌握了产出导向法（POA）教学法，为以后申请教学项目奠定了良好的基础。

主讲教师 X 老师开放、包容的态度与之前 A 教师自己钻牛角尖截然不同，是能够不断更新教学设计的重要因素。

这次 PPT 的准备也请了专业人士相助，使 PPT 的制作水平和审美有了极大的提高。

在赛前一周，团队还请了学院教师一起打磨，教师从旁观者的新颖视角提出了很多宝贵的建议，对逐渐进入创作瓶颈的团队五人来说，仿佛注入了新鲜的血液和活力。团队根据建议对教学设计又做了重大改动，在课堂展示环节展示产出环节，真正体检“学习中心”。

2021 年 8 月，“教学之星”大赛半决赛于线上举行，教师们反复测试设备，但比赛时还是出现了卡顿，不得不临时换顺序，不过最后总算有惊无险，顺利完成了教学设计说课和课堂展示环节。

最后，半决赛特等奖的消息传来，A 教师忍不住泪奔而出，所有团队成员也都按捺不住激动，仿佛几个月的煎熬在这一刻得到了释放，充满欣喜与感恩。

2021 年 9 月，团队收到决赛教材，团队教师分工协作，找出合适的节点，约定相互商讨。10 月准备了团队风采展示视频，10 月末缩小教材至《新未来大学英语综合教程 1》Unit 6 Passing the torch 与《新编大学英语（第四版）综合教程 1》Unit 8 Communication at your fingertips 这两个单元。11 月初定了 Communication at your fingertips 单元，并开始挖掘并确定知识点。11 月中旬，经过几轮探讨，最终确定了辩证法理念与虚拟语气知识点和项目式教学法（PBL 教学法），最终通过深入学习，确定了张文忠教授的 iPBL——本土化的依托项目英语教学模式——适合中国外语教学的项目式教学法（张文忠，2015）。

在教学过程中，团队 H 老师邀请了学院 J 老师参加研讨，J 老师学识渊博，为教学设计中的元宇宙提出提供了很好的启发。2021 年为元宇宙元年，将其融入教学内容，既与教材内容呼应，又与时事相关，既深刻又新鲜。

在小组研讨过程中，A 教师作为课程负责人到后半期才理解主讲教师 X 老师的整个设计思路，也说明在沟通中，A 教师在创新、构思上有待提升。经过不断学习，后期 A 教师已经可以和 X 教师共同准备学生的产出成果。A 教师主要进行教学理论学习与设计说课，X 教师主要完善教学展示环节细节。同时，与 PPT 制作团队反复沟通改进。

2021 年 12 月 8 日，全国决赛如期举行，一切顺利进行。团队所有成员都已经尽了最大努力。傍晚，全国总决赛结束，团队获一等奖第一名，与前三等奖失之交臂，虽然有遗憾，但大家互相安慰、共励共勉。

漫长的备赛，A 教师第一次感受到了团队的力量，每个队员无私的付出，开放的心态，才能使团队一点一滴地进步。A 教师从团队老师身上学习到了很多，也收获了珍贵的友谊。

2021 年 3 月“全国高等学校外语微课优秀作品征集与交流活动的通知”发布。“教学之星”教学大赛初赛材料提交完毕之后，A 教师学习了近几年微课优秀作品，意识到，微课内容上要更击中痛点，形式上最好有学生参与。因此，A 教师整理了 2018 年“外教社杯”比赛内容中的“比较与对比”知识点，设计上增加学生互动入境，由“教学之星”制作 PPT 的专业人士进行录像与 PPT 合成。设计和录像很快完成，后期合成、字幕等经过多轮与专业人士的沟通，终于完成。

该视频获省赛一等奖并推入国赛，国赛新增了线上说课环节。2021 年 10 月，在准备“教学之星”大赛的间隙，A 教师进行了线上说课，有了教学之星线上参赛的经验，此次决赛准备起来也更加轻松。最终 A 教师获全国决赛二等奖。

2021 年 11 月，A 教师还参加了学院青年教师讲课比赛选拔并进入了决赛。校赛在 12 月 2 日，由于一直在准备“教学之星”大赛，几乎没有好好准备校赛，尽管在赛前一天修改了 PPT，增加了一些时政内容，赛前一晚 A 教师还是紧张得几乎整夜失眠。第二天虽然抽到了最熟悉的节段，但发挥得不完美：语速过快、超时，最终获校赛获二等奖。

2021 年参加了三个主要赛事，A 教师也提升了很多，在准备比赛的间隙，A 教师还参与了项目申报。尤其是学校一个教学改革研究项目，每年学院的申报竞争都很激烈。2021 年 A 教师从十几名竞争者中胜出，并通过学校评审，成功申报该项目。该项目名称为“基于产出导向法（POA）的大学英语教学实践改革研究”，项目的成功申报，离不开准备比赛过程中对教学方法的研究。

（八）竞赛反哺教学显性体现

教学竞赛对教学最大的反哺效应是促进了课程教学改革。2021 年的“教学之星”的决赛准备，让 A 教师对项目式教学法有了更深的理解，并意识到其更适用于课时较短的选修课教学。2022 年 A 教师首次重新设计主讲的选修课“国际会议交流”，改变了传统的课堂授课方式，在 SPOC 混合式教学（基于 2019 年竞赛和科研成果进行的教学实践）的基础上，引入了项目式教学。按照张文忠与夏赛辉（2010）“English Through Projects”选修课课程探索，以及夏塞辉（2011）探索启示研究，指导学生进行项目选择、混合式与线下交流学习，以参加全国大学生科研演讲竞赛为结课项目，既有真实的项目情景，又有线上教学辅助理解重难点。2023 年，在新一轮的教学实践中，A 教师又完善了项目式混合教学的细节，完善教案，搜集的学生项目数据也形成了科学依据，学生在演讲比赛中也取得了更好的成绩。

教学竞赛对教学的另一显著影响是促进了课堂互动模式改革。2019 年 K 校“大学英语”实行小班教学，使小组合作更加便利。2021 年 A 教师在每个班级进行小组分组、小组竞争实验，取得了较好效果。2022 年 A 教师正式实行分组教学，并在引导小学小组分工合作、小组间竞争方面积累了很多经验。对 A 教师来说，教学实践可能滞后于教学竞赛理念以及教学竞赛中完美的课堂，但最终会对其一一开展实践，探索适合学生的教学方法。因此，2022 年的课堂有很多精彩的瞬间。由于 A 教师教学理念和思政知识的提升，她不再局限于课堂知识或时政热点，而是由小见大，重新认识传统文化、扩展专业前沿、渗透创新创业等，学生的见识也比以前更高，思考格局比以前更广。

2022 年 4 月，A 教师参加“外教社杯”教学比赛学院选拔赛，教学节段为“Successful entrepreneurs：A－students or B－students?”，知识点为“comparison and contrast”，对比与比较，虽然以该知识点为选题的微课竞赛获得了外语微课征集与交流活动全国二等奖，但依托该教材的教学设计，在学院的两次比赛选拔名次都不拔尖——2019 年第一次“外教社杯”教学比赛落选，2021 年 10 月第二届教学创新大赛学院选拔落选——由于前两次比赛初赛没有胜出，A 教师一直觉得教学设计不行，想要进行重构。

在进行此次教学设计时，对于对比与比较更加全面地认识来自 A 教师主讲选修课所依托的 SPOC 课程中关于“对比与比较”小节点讲解，这充分体现了教学与竞赛的相互影响作用。虽然通过了学院的选拔，也得到了校外专家评委的认可，但校内评委专家则建议不要总纠结这一个知识点，要多挖掘并拓展更多内容。

2022 年 5 月，“外教社杯”教学比赛山东省复赛在线上进行，当时采用与举办方选拔的另一地点的学生进行线上有生教学。虽然之前 A 教师在自己的班里进行过试讲，并不断调整教学内容，但线上现场教学，由于学生思考的时间过长，最终 A 教师的教学内容没有讲完。巧合的是，当天产生的冠军，教学知识点也是“对比与比较”，其优点在于使用了道具，一手拿黄瓜、一手拿西红柿展现在镜头前，在一开始便解释该知识点的含义，再回到文本中阅读练习，虽然也没讲完，但给人一种耳目一新的感觉。正如“教学之星”团队 X 教师所说，能用道具尽量用道具，教学设计能凝练出缩略词可替代的方法就更好，比如在半决赛 X 老师便把 irony 每个字母拆解，来解释何为 irony，即间接的（indirect）、相关的（relevant）、相反的（opposite）、新鲜的（novel）、年轻的（young），意味着合适的反语能让人发笑。也总结出 REDPS 教学步骤，即读（read）、拓展（extend）、起草（draft）、润饰（polish）以及提交（submit）。总之，道具、重难点、自己精炼总结等一切能带给人新鲜感的东西，都是比赛的加分点，后续的教学中，也会给学生提供各种新鲜的方法、内容、道具、游戏等，引起学生兴趣，进而取得良好效果，收获课堂很多精彩片段。

例如，“音乐的力量”这一单元，讲到第一篇课文爱因斯坦喜欢小提琴和钢琴时，在课间给学生播放世界著名小提琴曲与钢琴曲，顺便让学生体会与音乐有关的词，如奏鸣曲、柔板、小夜曲等，学生仿佛走进了一场音乐会。第二篇课文，讲冼星海，课间给学生播放“黄河大合唱演唱会”，补充民族乐器表演，如唢呐“百鸟朝凤”、古筝“高山流水”等，培养学生民族自豪感。学生学习热情明显高涨。

由于该学期学年教学中的精彩片段较多，因此，2022 年青年教师教学大赛备赛时，A 教师忍痛舍弃了准备了三年的教学节段，重新选择教材重新准备 5 个节段，“音乐的力量”是其中之一。校赛改为线上，成绩为二等奖，幸而在抽签环节抽到了进省赛的机会。省初赛实录课在进行教学节段选择时，“音乐的力量”这一节段成为 A 教师首选。A 教师在各个阶段适时加入多种音乐音频，交响曲、小提琴、京剧、二胡、古筝等，让学生和评委真切感受到中国力量，弘扬传统文化。A 教师将虚拟仿真、AI 技术融入课堂，体现内容前沿，知识点由教师精华缩略总结，整个设计新鲜有趣、层层深入、逐步升华，设计上顺应天成。

录课时仅有研究生在校。A 教师发现，研究生口语水平虽然可能和本科生差不了多少，但问题处理、临场应变能力却高很多。整个课程录了 4 遍，有技术问题、有教师发挥问题、有教室设备问题，虽然第四遍也有意料之外的小问题，但都被负责切镜头的学生巧妙地掩盖。除此之外，也有学生巧妙的临场发挥，教师幽默的回答，使课堂真实有趣。指导过前两次省初赛视频的专家认为，这次是最好的一次，虽然也有瑕疵，但瑕不掩瑜。最后 A 教师获得了省复赛资格。

2022 年的项目申请获批也得益于 A 教师在教学比赛过程中不断地学习，以及在教学过程中的实践探索。2022 年 11 月，A 教师顺利申请校级“虚拟仿真实验教学”项目，意欲探索虚拟仿真与大学英语的结合会产生什么样的火花。同月，她还成功获批拔尖人才项目，项目旨在探索“项目式教学（PBLL）”在教学中的改革应用；12 月“二十大精神引领下的大学英语课程思政路径建设研究”项目获批。

A 教师的教学竞赛与教学实践的结合也促成了一些科研成果，并以论文的形式于 2023 年发表。一是“产出导向法指导下的大学英语课程思政研究”，一是“基于产出导向法的大学英语教学改革实践”。

（九）最艰难的路

2023 年上半年 A 教师主要准备青年教师教学比赛省级复赛 20 个教学节段材料。对 A 教师来说，这比任何时候都煎熬。从 1 月 31 日年初十开始，A 教师便开始了无比煎熬过程。

首先，制订好计划，包括周六周日在内，几天做一个教案，几天做成 PPT。一般情况下，首先搜寻资料，然后拉出框架内容，大约需要 1 天；然后定 PPT 模板，大约半天，再根据 PPT 模板将内容效果制作好，大约需要 2 天；最后撰写教学设计，一边设计一边反思一边回头改 PPT，大约 1.5 天，因此，一个教学节段，每天工作 8~14 个小时的情况下，需要大约 3 天时间。20 个教学节段，A 教师未有一天间断，终于在 3 月上旬完成。

关于说课稿，除非是比较短的说课（5~10 分钟），需要背诵的，A 教师一般会严格写说课稿，长达 20 分钟的说课，A 教师认为是没有用的，但曾经进入省青教赛遴选的专家说，说课稿可能背不下来，但至少会让你知道一般说多少会超时，在临场发挥的时候心里也会有一个度，但也得练习才能把握。因此，借助微信语音转文字功能，A 教师将说课稿整理出来，约 2 天时间，这时为 3 月 14 日。

比赛时间为 5 月 12 日—5 月 14 日。学校于 4 月 4 日、4 月 25 日组织了复赛抽签试讲、专家点评，教研室组织了一次研磨，其中老师们提出了一些问题，如 PPT 无效图过多、视频过多、内容不够高阶等。有些形式的问题比较好解决，就是内容更新与替代升华、逻辑顺序如何更有条理等，总之，知道什么是好的，却不知如何变好，知道哪里不好，却不知用什么方法提升，某些教学设计不理想的部分，A 教师也无从下手，抑或许进入了自作的茧中，无法自拔罢了。

A 教师深知，自己遇到不熟悉的内容时会紧张得语速加快、语言重复率错误率高、脑子一热，便顾不上内容、节奏等。因此，除了上课，A 教师大部分时间都花在熟悉讲解每个节段，录音掐时讲，讲完反思哪些地方设计得不顺、讲得不好、板书哪里没跟上，如果超时严重，再回听一遍录音，语速是否过快，为什么会超时、哪里的节奏没把握好，及时记录，并不断修改 PPT 和教学设计。工作日在家里对着镜子练，周末去无人的教室练，有课时练 2~3 个节段，没课时练 4~6 个节段。最后，20 个教学节段大概又练了 8 次，才能基本控制好时间，经过大量练习，A 教师已经能够大致掌握好进入总结收尾的时间。

最后一周时间，A 教师准备好道具、服装，等待出发。A 教师教学设计大部分与传统文化有关，因此主穿当年比较火热的马面裙，以示对传统文化的重视。

比赛当天，她抽中了设计上不太满意的节段，但由于熟练度在，也顺利完成了讲课环节。最终止步于省级三等奖。

如此漫长残酷又孤独的旅程，备课研课仿佛成了她的朋友，经历过内心的挣扎、彷徨，到最后按部就班，不急不躁，宠辱不惊，对 A 教师来说也是一种磨炼。

2023 年青教赛院级选拔，评委指出，“国赛的评委专家认为，一个设计成功与否的关键，很大程度上取决于前三分钟和后三分钟是否能引起评委兴趣和共鸣，中间语言点的解说都是次要。”这为 A 教师提供了新的启示。青教赛校赛选手水平越来越高，2023 年校赛 A 教师止步二等奖。A 教师说，如果以后还有机会的话，她会进一步学习、完善，也会走出茧蛹，换条思路来教书。

值得欣慰的是，2023 年高校英语教师基本功大赛 A 教师有幸进入决赛，并获全国一等奖。教学内容上她进一步完善了“音乐的力量”部分内容。决赛现场，A 教师凭借多年小组管理经验，将学生分成 2 组互相 PK，并鼓励学生主动回答问题，最终学生互动效果良好，最后也有产出。台下老师评价道：“你上课没多久，学生明显变得开朗积极起来了，这是其他选手课上没有的。”

虽然，由于对提示铃的理解有误，在没完成反思升华作业的情况下提前结束，但评委说，因为已经看到学生产出了，所以整体算是完整了。

基本功大赛的专家评委们更注重教师的基本功和教学效果的达成，并不强调教学理念，充分体现了办赛宗旨。

多年的竞赛经历，对A教师影响深远，不但推动着课堂教学和科研发展，也督促A教师孜孜不倦地学习，紧跟国家教育政策方向、国际国内社会发展趋势需求等，同时不断提高专业基本功，实现教学、竞赛、科研良性循环。

第三节 高校英语教师竞赛反哺效应问卷调查研究

为了进一步了解高校英语教师参加教学竞赛对于教学、教师发展、科研进步产生的作用，笔者设计了调查问卷，旨在了解参赛教师对于教学竞赛反哺效应的具体认可方面及认可度。

一、调查对象

笔者征得比赛举办方同意后，在各大比赛的选手群里发布问卷链接，最终收到来自全国20个省、自治区、直辖市的55份答卷。按职称分类，讲师占比58.18%（32人），副教授占比36.36%（20人），教授的占比最小，仅为5.45%（3人），可见参加比赛的主要力量仍为讲师。按教龄分，仅7.27%（4人）为任教5年内的新教师，23.64%（13人）至少有6~10年教龄，69.09%（38人）有10年以上教龄。可见大部分教师具有较为丰富的教学经验。

参赛教师所授课程，有58.18%（32位）的教师任公共基础课，10.91%（6位）的教师任专业基础课，30.91%（17位）的教师任专业核心课。可见，如大学英语这样的公共基础课在参赛课程中占很大比例。没有人教授公共选修课和专业选修课，也可能有教师教授该课程，但是没有作为参赛课程参赛。

关于调查对象所参加过的教学竞赛（如表3-1），参加比例由高到低依次为“外教社杯”全国高校外语教学大赛（45.45%）、全国高等院校英语教师教学基本功大赛（43.64%）、外研社“教学之星”大赛（41.82%）、全国高等学校（职业院校）外语微课优秀作品征集与交流活动（32.73%）、高校教师教学创新大赛（29.09%）、全国高校微课教学比赛（27.27%）、高校青年教师教学竞赛（21.82%），仅有1名（1.82%）教师参加了西浦全国大学教学创新大赛。这个排名与中国高等教育学会正式发布的2023版全国普通高校教师教学发展指数大体一致。

以上数据表明大部分参与者都参加过至少一项教学竞赛，反映了教育竞赛在高等教育教学中的重要性和影响力。其中“外教社杯”全国高校外语教学大赛、外研社“教学之星”大赛、全国高等院校英语教师教学基本功大赛是最受欢迎的赛事。可能教师还参加过一些其他教学比赛，如“全国高等学校（职业院校）外语课程思政优秀教学案例征集与交流活动”“BETT全国商务英语翻译教师金课大赛”等，但未纳入调查范围，不过对于调查主要内容及结果不会产生偏差影响。参与问卷对象都是经过层层选拔，进入到国赛的选手，或高校青年教师教学竞赛、高校教师教学创新大赛的省级选手。

表3-1 调查对象所参加的比赛

选项	小计	比例
A. 高校青年教师教学竞赛	12	21.82%
B. 高校教师教学创新大赛	16	29.09%
C. “外教社杯”全国高校外语教学大赛	25	45.45%
D. 全国高等学校（职业院校）外语微课优秀作品征集与交流活动	18	32.73%
E. 外研社“教学之星”大赛	23	41.82%
F. 全国高校微课教学比赛	15	27.27%
G. 全国高等院校英语教师教学基本功大赛	24	43.64%
H. 西浦全国大学教学创新大赛	1	1.82%
本题有效填写人次	55	

二、调查内容

教师教学比赛成绩是多方因素共同影响的结果，比赛过程中某位专家的指导、某个网络资源的启发、优秀案例的模范作用等，备赛过程团队互助、一个人的艰辛，个中滋味，酸甜苦辣皆有涉及，教学比赛漫漫长路，对科研、对日常教学、对个能力提升的反哺作用程度以及表现方面多种多样，每个人的体验不一样，对未来参赛教师的建议也不一样。因此，本调查主要从备赛过程、竞赛影响、竞赛反思三个角度对教学结果作细致的分析。

（一）备赛过程

关于参加教学竞赛的主要目的或动力，教师们的选择比较集中，表 3-2 矩阵量表题的数据显示，教师参加竞赛的目的，每个选项同意和强烈同意的比例均较高，均在 70%以上，说明对大部分老师教师来说，这些选项都是参加教学比赛的目的。当然，也有偏差，同意程度由高到低依次为：累积荣誉和奖励，同意和强烈同意的比例为 89. 09%，其次为丰富职业经历，同意和强烈同意的比例为 87. 28%，紧接着是“提高自身教学水平”，达到 87. 27%。达到职称评定条件也是参加教学竞赛的主要目的之一，但相对来说比例较低，为 80. 00%。挣得更高绩效、完成聘期考核目标这两个目标的同意以及强烈同意比例最低，分别为 72. 72%与 70. 91%。

结合以上数据，累积荣誉和奖励目标位于第一，这表明，大多数老师荣誉感较强，教学比赛可以证明其教学能力和基本功。丰富职业经历排在第二，这表明，许多教师认为丰富职业经历有助于他们的专业发展，并有助于提高他们的教学能力。提高自身教学水平排第三，这表明教师们认为提高自身教学水平是重要的，并且他们正在积极采取措施来提高自己的教学水平。达到职称评定条件为第四，尽管职称评定对于许多教师来说是一个重要的目标，但达到这个条件并不是所有教师的主要关注点。最后，挣得更高绩效和成聘期考核目标的情况略低，这表明，虽然较高的绩效可以带来一定的激励，尽管完成聘期考核目标对于许多教师来说是重要的，但并非所有教师都将其视为最关注的事情。

就单个来说，强烈同意率最高的为 56. 36%的提升自身教学水平为主要目标，说明教师更注重教师自身专业基本功的发展，通过不断提升自己教学水平，提高教学水平。同意率最高的为 43.64%的教师同意累积荣誉和奖励为主要目标，与总体排名一致。中立和不同意比率最高的为挣得更高绩效，说明某些学校可能在绩效方面对教师竞赛奖励不够，或者教师对这方面需求不是很高。强烈不同意占比最高的为完成聘期考核目标。

表 3-2 矩阵题——您参加教学竞赛的主要目的是什么?

题目\选项	强烈不同意	不同意	既不同意也不反对	同意	强烈同意	(空)
提高自身教学水平	4(7.27%)	2(3.64%)	0(0)	17(30.91%)	31(56.36%)	1(1.82%)
累积荣誉和奖励	3(5.45%)	1(1.82%)	1(1.82%)	24(43.64%)	25(45.45%)	1(1.82%)
丰富职业经历	3(5.45%)	2(3.64%)	1(1.82%)	19(34.55%)	29(52.73%)	1(1.82%)
达到职称评定条件	5(9.09%)	0(0)	4(7.27%)	22(40.00%)	22(40.00%)	2(3.64%)
挣得更高绩效	3(5.45%)	6(10.91%)	5(9.09%)	20(36.36%)	20(36.36%)	1(1.82%)
完成聘期考核目标	5(9.09%)	4(7.27%)	4(7.27%)	21(38.18%)	18(32.73%)	3(5.45%)

备赛过程中，对教师帮助最大的几个因素中帮助最大的方面依次为往届优秀案例、专家同事的修正、课本配套资源以及领导的督促（见表 3-3）。其中，往届优秀案例与专家同事修正在综合得分中排名第一，占比均为 43.64%。同时，课本配套资源占比较高，表明课本配套的音视频等多媒体资源、各种版本的教研成果、各种版本的在线课程建设，对教师竞赛均具有较大的促进作用。

另一方面，选项 B 中的领导的督促得分最低，说明领导的监督力度普遍比较缺乏。同时，也可以看出选项 C 中的往届优秀案例和选项 A 中的专家同事修正在综合得分上相差不大，这意味着参赛者在备赛过程中，前期学习总结往届优秀案例的过人之处，总结最新教法，教学设计定稿之后，专家同事的修正，可以拔高设计深度、补充不同教师的优秀做法以及课堂上接地气的各种教师的活动，即一个输入内容，一个输出同行评价改进，都具有重要意义。

表 3-3 排序题——备赛过程中帮助最大的方面

选项	综合得分	第 1 位	第 2 位	第 3 位	第 4 位
C. 往届优秀案例	3. 22	24(43. 64%)	23(41. 82%)	4(7. 27%)	4(7. 27%)
A. 专家同事修正	3. 22	24(43. 64%)	20(36. 36%)	10(18. 18%)	1(1. 82%)
D. 课本配套资源	2	5(9. 09%)	7(12. 73%)	26(47. 27%)	17(30. 91%)
B. 领导的督促	1. 56	2(3. 64%)	5(9. 09%)	15(27. 27%)	33(60. 00%)

（二）竞赛影响

教学竞赛的影响主要体现在对教师科研能力、教学能力、教学质量这三大方面，教学质量又体现在教师个人基本功、对日常教学的影响这两方面。

关于教学竞赛对教师提高科研能力的影响，56. 36%老师认为有极大促进作用，41. 82%认为作用一般，1. 82%认为没有作用，没有人认为教学竞赛有副作用。可见，大部分人认同教学竞赛对提高教师的科研能力有积极影响，只有少数人认为作用一般或没有作用。因此，可以得出结论，教学竞赛对提高教师的科研能力有一定的影响。教学竞赛对提高教师的科研能力提升可以具体体现在表 3-4 中，通过对该矩阵量表题的数据分析，按明显程度由高到低排序，可以得出以下结论：

促进对研究内容的思考获得了最高的综合得分，并且被选中的频率最高，占总数的 47. 27%。这表明教师们普遍认为教学竞赛能够帮助他们发现教学痛点，为科研选题提供切实可用的灵感，促进他们对研究内容的思考，进而提高科研能力。

加深对教学理论知识的理解次之，被选中的频率为 38. 18%，这说明教师们在参加教学竞赛的同时，需要对教学理论知识有系统的把握，并且将其切实运用到具体教学设计当中，教学竞赛能够加深教师对教学理论知识的理解，也有助于提高科研能力。

提供实践对照材料的得分排名第三，但选择该选项的频率也相当高，占到了总数的63.64%。这表明教师们认为教学竞赛提供实践对照材料对提高教师的科研能力有帮助，有的教师会从教学竞赛中学习到的先进理念和方法进行班级实验，与未运用的班级进行对照，从而验证教学理念和方法的有效性。

提升科研数据处理能力的得分最低，且没有任何人选择该选项。这意味着教师们认为教学竞赛在提升科研数据处理能力方面的作用并不明显，或者这方面的能力可以通过专业数据处理课程或其他方式提升。

综上所述，教师们普遍认为教学竞赛对提高教师的科研能力主要体现在促进对研究内容的思考、加深对教学理论知识的理解和提供实践对照材料这三个方面。

表3-4　教学竞赛对提高教师的科研能力提升体现

选项	综合得分	第1位	第2位	第3位	第4位
A. 促进对研究内容的思考	3.33	26(47.27%)	22(40.00%)	6(10.91%)	1(1.82%)
B. 加深对教学理论知识的理解	3.18	21(38.18%)	25(45.45%)	7(12.73%)	2(3.64%)
C. 提供实践对照材料	2.29	8(14.55%)	6(10.91%)	35(63.64%)	6(10.91%)
D. 提升科研数据处理能力	1.2	0(0)	2(3.64%)	7(12.73%)	46(83.64%)

在教学竞赛对提高教师的教学能力的作用中，通过表3-5矩阵量表题目的数据显示，教师参赛原因的每个选项，同意和强烈同意的比例均较高，均在80%左右，促进教师专业成长和教学创新甚至达90%以上，其中同意和强烈同意程度综合由高到低依次为：促进教师的专业成长（92.73%）、有利教师的教学创新（90.01%）、提高教师的教学水平（89.10%）、增强教师的职业自信（87.28%）、激发教师的教学热情（79.99%）。总体来看，教学竞赛对提高教师

的教学能力各个方面影响都很大。

就单项来说，强烈同意占比最高的为增强教师的职业自信（52.73%），部分原因是教师水平提高、教师教学创新能力提高、专业素质提高之后，教师的职业自信自然而然随之提高。同意占比最高的为促进教师专业成长（47.28%），可见，有很多老师觉得自己的专业能力、业务能力，如教学设计教学方法的灵活运用、课堂管理、教学资源利用、信息技术实时更新等方面，都能在教学竞赛中不断学习、打磨、验证、提高。既不同意也不反对占比最高的为激发教师的教学热情（10.91%），个别教师可能认为这是一个比较虚的概念，而且影响教师的教学热情诱因很多，如学生的配合和状态也影响教师的教学热情。强烈不同意的比率都差不多，具体某些更擅长其他方面，对教学比赛不感兴趣，迫于压力参加比赛，对比赛没有享受，更多的是煎熬，因此，这些积极作用尚不明显。

综上所述，教学竞赛对提高教师的教学能力具有很大的积极作用，可以激发教师的教学热情、提高教学水平、促进教学创新、促进教师专业成长以及增强教师的职业自信。然而，不同教师对这些作用的看法可能存在差异，因此需要针对具体情况进行个别沟通和引导。

表 3-5　教学竞赛对提高教师的教学能力的作用体现

题目\选项	强烈不同意	不同意	既不同意也不反对	同意	强烈同意	（空）
激发教师的教学热情	2(3.64%)	1(1.82%)	6(10.91%)	19(34.54%)	25(45.45%)	2(3.64%)
提高教师的教学水平	3(5.45%)	0(0)	3(5.45%)	21(38.19%)	28(50.91%)	0(0)
有利教师的教学创新	4(7.27%)	0(0)	1(1.82%)	23(41.82%)	27(49.09%)	0(0)
促进教师的专业成长	4(7.27%)	0(0)	0(0)	26(47.28%)	25(45.45%)	0(0)
增强教师的职业自信	3(5.45%)	0(0)	3(5.45%)	19(34.55%)	29(52.73%)	1(1.82%)

教学竞赛对提高教师的教学质量提升有一定的影响。其中，有63.64%的人认为教学竞赛能够极大促进教师的教学质量，32.73%的人认为作用一般，只有1.82%的人认为没有作用，1.81%认为有副作用。这表明大多数人认为教学竞赛对提高教师的教学质量有积极的影响。然而，仍有少部分人对教学竞赛的作用持保留态度或者负面观点，这可能是因为个人对教学竞赛的认知、经验或者观点不同所导致的。综上所述，教学竞赛对提高教师的教学质量具有一定的积极影响，但也需要注意个体差异和潜在的负面影响。

如表3-6所示，教学竞赛对提高教师的教学质量、提升的教师基本功层面，每个提升的选项认可度均较高，同意和强烈同意总和的顺序分别为：语言表达能力（90.91%）、提高教学方法与技巧以及增强对教学内容的理解和熟悉程度（90.90%）、教案设计及编写能力与多媒体课件的设计与使用（89.09%）、与学生的互动与沟通能力（87.28%）、教学时间的控制能力（85.45%）、图示、板书书写（76.36%）。占比90%以上的数据说明，教师个人能力提升，语言表达涉及教师语言基本功，教学方法与技巧、教学内容的理解和熟悉程度涉及教学业务熟练度，均与教师个人素质息息相关。

就单项而言，教案设计及编写能力和多媒体课件的设计与使用占比最高（49.09%），因为每一个大赛都有提交教学设计环节，教学设计既体现教学理念和方法，又体现教学过程和评价，是整个比赛的文字阐述。虽然对教学设计的要求大致不变，但选手们呈现的方式越来越清晰，越来越有新意，越来越多与多媒体技术相结合。同意占比最高的为（45.45%），主要有3项：提高教学方法与技巧、教学时间的控制能力、增强对教学内容的理解和熟悉程度，可见这三项对于教师授课基本功来说较为重要。既不同意也不反对占比最高的为“图示、板书书写”（16.36%），可能与赛制中对板书的要求不高有关系。

综上所述，参加教学竞赛对教学质量提升主要体现在提高教学方法与技巧、教案设计及编写能力、语言表达能力、教学时间的控制能力、多媒体课件的设计与使用和增强对教学内容的理解和熟悉程度。同时，与学生的互动、沟通能力和图示、板书书写也对教学质量有一定的影响。

表 3-6 参加教学竞赛对教师基本功提升体现

题目\选项	强烈不同意	不同意	既不同意也不反对	同意	强烈同意	(空)
提高教学方法与技巧	3(5.45%)	0(0)	2(3.64%)	25(45.45%)	25(45.45%)	0(0)
教案设计及编写能力	3(5.45%)	2(3.64%)	1(1.82%)	22(40.00%)	27(49.09%)	0(0)
语言表达能力	4(7.27%)	0(0)	1(1.82%)	24(43.64%)	26(47.27%)	0(0)
教学时间的控制能力	3(5.45%)	1(1.82%)	4(7.27%)	25(45.45%)	22(40.00%)	0(0)
多媒体课件的设计与使用	3(5.45%)	2(3.64%)	1(1.82%)	22(40.00%)	27(49.09%)	0(0)
增强对教学内容的理解和熟悉程度	1(1.82%)	2(3.64%)	1(1.82%)	25(45.45%)	25(45.45%)	1(1.82%)
与学生的互动、沟通能力	2(3.64%)	2(3.64%)	3(5.45%)	24(43.64%)	24(43.64%)	0(0)
图示、板书书写	1(1.82%)	1(1.82%)	9(16.36%)	20(36.36%)	22(40.00%)	2(3.64%)

教学竞赛对提高教师的日常教学方面，教师的认可度相对于科研和教师个人发展较低，52.73%表示竞赛课堂能够极大促进日常课堂效率，45.45%表示竞赛课堂与日常课堂不同，对学生作用效果不明显，1.82%认为竞赛课堂与日常课堂无关，对学生学习没有作用，没有老师选择竞赛课堂耽误日常课堂备课，对日常课堂副作用较大。具体体现在矩阵量表 3-7 的数据，同意和强烈同意项目由高到低分别为：学生上课积极性提高（69.09%）、学生理解效率提高（65.45%）、学生输出能力提升（63.63%）、学生思维能力提升（61.82%）、学生小组合作能力提升（60.00%）、学生考试成绩提高（52.73%）。虽然相对于科研和教师个人发展而言认可度稍有降低，教师通过教学竞赛提升的各种教学

基本功，如与时俱进教学理念、灵活的课堂方法、与学生关系理念和处理方法的提高从某种程度上有助于提升学生上课积极性，对于教学内容更深入的理解、教学设计逻辑性更强，有也助于学生理解效率提高。输出能力提高，意味口语表达、书面表达的能力有所提高，从某种程度上也意味着学生的交际能力有所提升，符合人才建设培养目标。考试成绩提高度最低，说明教学竞赛通过对教师产生直接影响，对学生的影响更多比较间接，体现在形成性评价上。

就单项而言，强烈同意选项占比最高的为学生输出能力提升（25.45%）和学生小组合作能力提升（25.45%），可见学生学有所成，课堂上参与程度提升；同意占比最高的为学生理解效率提高（47.27%），这离不开教师自身对教学内容理解的加深，呈现方式更加精妙，“脚手架”搭建更加符合学生发展规律。与科研和教师个人发展不同的是，选择既不同意也不反对，即保持中立的比率偏高，三分之二的选项比强烈同意的比率都高，说明日常教学对学生的影响，不如对教师个人教学和科研影响程度高。

表 3-7 教学竞赛对日常教学学生影响体现

题目\选项	强烈不同意	不同意	既不同意也不反对	同意	强烈同意	（空）
学生考试成绩提高	4(7.27%)	5(9.09%)	15(27.27%)	21(38.18%)	8(14.55%)	2(3.64%)
学生上课积极性提高	0(0)	6(10.91%)	8(14.55%)	25(45.45%)	13(23.64%)	3(5.45%)
学生理解效率提高	1(1.82%)	6(10.91%)	11(20.00%)	26(47.27%)	10(18.18%)	1(1.82%)
学生输出能力提升	1(1.82%)	5(9.09%)	12(21.82%)	21(38.18%)	14(25.45%)	2(3.64%)
学生思维能力提升	1(1.82%)	4(7.27%)	14(25.45%)	21(38.18%)	13(23.64%)	2(3.64%)
学生小组合作能力提升	2(3.64%)	4(7.27%)	15(27.27%)	19(34.55%)	14(25.45%)	1(1.82%)

综合上述数据可知,教学竞赛对教师科研能力、教师教学能力、教学质量这三大方面都有积极的影响。其中对教学质量提升的影响(63.64%)大于对科研能力提高(56.36%)的影响,对日常教学的影响最低(52.73%)。可见,教学比赛作为直接作用于教师的赛事,对提升教师专业基本功、教学业务素养有直接明显的优势,同时能带动其科研能力的提升。对于间接受益的学生来说,虽然有一定积极作用,但可能对不同基础、不同英语学习需求的学生来说,效果因人而异、因班而异。

(三)竞赛反思

教学竞赛既是教师个人魅力的展现,又是个人努力成果的呈现。当然,不同选手组合、比赛顺序、抽签节段等也影响比赛结果,因此也有运气的成分。但竞赛过程也有共性的地方值得总结、思考以及分享。

首先,就教学比赛需要提升的方面或者准备过程中最重要的部分,按重要程度来说可分为以下几部分。按同意与强烈同意的比率综合由高到低可分为:教学基本功(96.36%)、课堂互动和教学设计(94.55%)、教学方法与学习效果(90.91%)、学科本体知识(85.46%)。由这些百分比来看,都在85%以上,说明每一项都极其重要,但也略有不同。

就单项而言,强烈同意占比最高的为教学基本功(60%),与同意与强烈同意的综合比率最高分一致,说明教师本身的英语功底和知识底蕴非常重要。同意占比最高的为41.82%,包括教学设计、课堂互动以及学科本体知识。不同意的全部为0,保持中立的对于教学设计和教学基本功的也为0,可见每一项的重要性。

表3-8 教学竞赛应该注重的方面

题目\选项	强烈不同意	不同意	既不同意也不反对	同意	强烈同意	(空)
教学设计	2(3.64%)	0(0)	0(0)	23(41.82%)	29(52.73%)	1(1.82%)
教学基本功	1(1.82%)	0(0)	0(0)	20(36.36%)	33(60.00%)	1(1.82%)
教学方法	3(5.45%)	0(0)	1(1.82%)	21(38.18%)	29(52.73%)	1(1.82%)
学习效果	1(1.82%)	0(0)	2(3.64%)	18(32.73%)	32(58.18%)	2(3.64%)

续表

题目\选项	强烈不同意	不同意	既不同意也不反对	同意	强烈同意	（空）
课堂互动	2(3.64%)	0(0)	1(1.82%)	23(41.82%)	29(52.73%)	0(0)
学科本体知识	2(3.64%)	0(0)	3(5.45%)	23(41.82%)	24(43.64%)	3(5.45%)

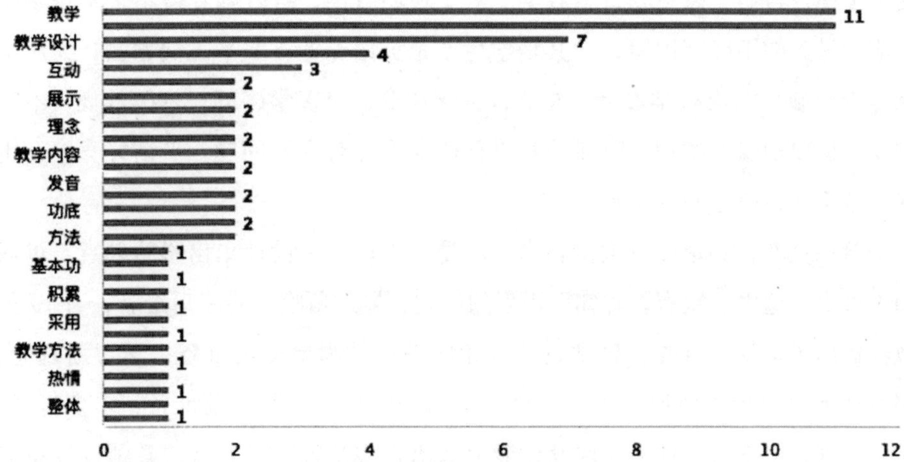

图 3-1 精彩出彩的关键

要在比赛中胜出，需要有精彩之处。调查对象分享了他们对出彩的关键部分的理解。根据图 3-1 的词频分析数据可知，教学设计仍是重中之重，教学设计要以学生为中心，注重教材或教学内容整合、整体逻辑，教学形式要有新意、内容够出彩、技术应用恰当、师生互动到位、课堂气氛活跃，以实现理论和实际结合的高质量课堂。教师方面，教师发音标准、口语流利、语言功底（选词、用词、句子等）扎实、富有教学热情也很重要，要充分展现个人魅力。除此之外，还要不断演练，符合时间要求，避免超时或过早结束等错误。因此，能进入决赛的不仅是一堂好课，而是有几个亮点的高质量课程，能够让人眼前一亮，更容易投入、理解、共情教学内容。

打磨一堂高质量课程，所付出的努力、遇到的困难别人无法体会，那么哪些是最难的地方呢？33 位受访者回答这一问题时，有 10 位老师提到创新最难，占比最大，主要体现在教学设计、设计思路方面的创新、知识点灵活运用、知识环节紧扣主题。有教师提出教师教学基本功不够，应变能力缺乏，临场发挥能力较弱，无法准确回答现场专家提问；也有教师指出最难的地方在于发挥团队力量；也有老师指出最难的在于没有团队，没有领导，没有专家帮助，孤军奋战；还有老师指出，最难的在于规则多，准备的东西太多，耗费大量精力，需要平衡好科研、参赛和日常教学。对于现场教学，有教师觉得不了解现场学生成为最大的不确定因素，尤其是学生不是英语专业，水平无法预测，无法确认是否会顺利完成教学设计。总之，教学比赛，要多学多问，打破常规，不断创新，也要加强基本功、锻炼强大的心理素质应对突发问题，平衡好竞赛、生活、教学和科研之间的关系。

参加竞赛，必定耗费大量精力，承受巨大压力。设计出出彩的创意，可遇而不可求，这里一定有教师知识积累的体现，风过留痕。对于后继者，有 19 位教师提出了建议。首先，教学设计开始之前，教师要提前准备，学习新理念，多看优秀案例和往届比赛视频，总结拿高分的要诀；要提前准备，多多打磨，越早越好；多学习，加强课件设计能力和语言表达能力。其次，教师设计思路要有特色，精准目标，细化过程，科学评价，创新有意义，教学方法不宜过多，逻辑要清楚，前后要吻合，即教学展示要跟教学设计一致，不能前面设计很完美，与后边展示“两张皮”，团队赛要加强团队合作，形成优势互补。教学设计完成后，要多加模拟操练，多请同行提意见，及时反思修改，比赛时，可以留一点机动时间，不要超时，要有稳定过硬的心理素质。最后，就是要坚持，加油，不懈努力，不断前进。

三、结论与讨论

通过以上调查内容和数据分析可知，进入行业类竞赛全国决赛或教育行政主管部门省级比赛的教师大多数都有较长教龄，他们取得的成绩与多年丰富的教学经验有密切关系。参赛课程中，以公共基础课占比较大，可能与其难易程度有关。参赛教师大多都参加过多项比赛，均取得了不错的成绩。

参加比赛教师的动因。提升自身教学水平、积累荣誉和奖励、达到职称评定条件是主要原因，绩效和考核任务是次要原因。说明在职称和考核要求下，绩效分配的激励下，参赛教师能够勇于挑战自己、提升自己。

备赛过程中，往届优秀案例以及专家同事修正对教师的帮助最大，在后期备赛中，建议教师们也要多学习，多听取意见不断修改。

竞赛对教师的成长尤为重要，对科研有一定的促进作用，作用大小因人而异，主要促进了教师对研究内容的思考以及教学理论知识的深入理解。

竞赛对于教师个人发展促进作用认可度较高，对促进教师专业成长、教学创新、教学水平、职业自信、教学热情等各方面认可度都很高。

竞赛对于课堂教学质量的提升的促进作用，比对科研的促进作用的认可度要高。首先，教师提升教学质量方面，主要体现在教师个人基本功提升，各个方面提升作用的认可度都较高，由高到低依次为语言表达、教学方法、教学内容理解度、教学设计编写能力、课件设计与使用、教学时间控制、与学生互动与沟通、图示板书书写。其次，教学质量的另一方面，日常课堂效率以及对学生的影响，与以上方面相比，认可度较低。尤其是对学生的影响，比对教师基本功影响平均低 30%左右，但依旧有所影响。教师参加教学竞赛，教师课堂学生上课积极性、理解效率、输出能力、思维提升、小组合作能力得到提升，可能也是教师对于课堂形成性的评价，有关考试成绩提高，需要有进一步的实验对比研究才能有更好的说服力和更高的可信度。

参加竞赛对教师影响巨大，反思也是一些教学比赛的必要环节，本次调研对象对整个备赛、参赛过程进行了反思，并且对未来参赛选手提出了建议。参赛教师要想拿高分，必须打好语言基本功，提高自己专业素养。教学设计同样重要，其中教学设计的创新和独特为重中之重，兼顾逻辑性、高阶性。最后还要多多演练，听取专家同事的建议，不断修改改进。比赛时心态要稳定，以强大的心理素质稳定发挥。

第四节 小 结

高校英语教师竞赛反哺效应研究关注竞赛对教师自身以及教育体系的积极影响。这一研究涵盖了多个层面，体现了竞赛作为一种专业发展机会的综合效应。

首先，竞赛为高校英语教师提供了一个展示和分享教学成果的平台。通过参与竞赛，教师有机会展示他们的创新教学设计、独特教学方法以及对学科的深刻理解。这种展示不仅对个体教师的专业声誉有所促进，同时也为其他教师提供了学习和借鉴的平台。

其次，竞赛的评审和反馈过程对教师的专业发展具有重要意义。教师通过竞赛获得专业评审的建议和指导，可以更清晰地认识到自己在教学中的优势和不足。这种反馈有助于教师进行深度反思，并通过改进教学方法提升自身的教学水平。

竞赛反哺效应还体现在激励教师更积极地参与教育改革和创新。在竞赛中，教师接触到来自同行和专业领域的前沿理念和实践经验，激发了他们对教育领域的热情。这种积极性不仅有助于提升教育教学水平，也对学科的创新和进步产生积极推动作用。

最后，竞赛作为一种专业发展机会，有助于建立和促进教育界学术共同体。通过竞赛，教师之间建立了更紧密的联系，形成了一个积极互动的学术社群。这种学术共同体有助于知识的共享和交流，推动整个高校英语教育领域的进步。

总体而言，高校英语教师竞赛反哺效应研究旨在深入挖掘竞赛对教师个体和整个教育体系带来的正面影响，为提升英语教育质量和促进教育创新提供理论支持和实践经验，也为培养更优秀的英语人才做出积极贡献。

参考文献：

［1］李展，许悦婷．我国外语教育研究中的叙事方法：回顾、反思与展望

[J]. 外语教育研究前沿，2023，6（4）：64-72，96.

［2］夏赛辉．依托项目的语言学习研究及其对中国外语教学的启示：以南开大学外国语学院“English Through Projects”课为例［J］. 英语教师，2011（2）：7-12，16.

［3］张文忠．iPBL：本土化的依托项目英语教学模式［J］. 中国外语，2015，12（2）：15-23.

［4］张文忠，夏赛辉．“English Through Projects”：两个“三合一”教学思路的课程探索［J］. 英语教师，2010（11）：13-16.